每天懂一点
人际关系心理学

[日] 木瓜制造 / 原田玲仁＝著　　郭 勇＝译

湖南文艺出版社
HUNAN LITERATURE AND ART PUBLISHING HOUSE

博集天卷
CS-BOOKY

图书在版编目（CIP）数据

每天懂一点人际关系心理学 /（日）木瓜制造，（日）原田玲仁著；郭勇译 .
—长沙：湖南文艺出版社，2012.4
ISBN 978-7-5404-5377-0

I . 每… Ⅱ .①木… ②原… ③郭… Ⅲ .①人际关系学：社会心理学 – 通俗读物
Ⅳ .① C912.1–49
中国版本图书馆 CIP 数据核字 (2012) 第 026518 号

著作权合同登记号：18–2012–81
上架建议：心理学

每天懂 一点
人际关系心理学

著　　者 :（日）木瓜制造 / 原田玲仁
译　　者 : 郭　勇
出 版 人 : 刘清华
责任编辑 : 丁丽丹 刘诗哲
监　　制 : 蔡明菲 潘　良
策划编辑 : 李彩萍
装帧设计 : 张丽娜
出版发行 : 湖南文艺出版社
　　　　　（长沙市雨花区东二环一段 508 号 邮编：410014）
网址 : www.hnwy.net
印刷 : 北京尚唐印刷包装有限公司
经销 : 新华书店
开本 : 880mm×1230mm　1/32
字数 : 170 千字
印张 : 6.5
版次 : 2012 年 4 月第 1 版
印次 : 2014 年 8 月第 5 次印刷
ISBN : 978-7-5404-5377-0
定价 : 29.80 元
（若有质量问题，请致电质量监督电话：010-84409925）

前言

"我怎么就是和上司相处不来呢？"

"为什么一见到陌生人，我就不会说话了呢？"

"我和老公已经很久没有说话了……"

"人际关系"上的问题，每天都在纠缠着我们。公司、家庭中的人际纠纷，甚至已经严重到了让我们寝食难安的程度。为什么我们会终日"为人所困"、"为人所劳"呢？

这本书，就是专门为帮助朋友们消除人际关系中的烦恼而编写的。我将为大家解说人类行为的心理和背景，从中找出解决烦恼的线索。"心理学"是贯穿本书的基本原理，而作为辅助，还会穿插一些"脑科学"和其他学科的知识。

下面，简单地为朋友们介绍一下章节的设置和各章的内容。

序章，人为什么会为人际关系问题烦恼？在集团生活中，人际关系方面的烦恼实际体现在哪些方面呢？

第一章"人际关系从'相遇'开始"，人与人初次相遇时，留给对方的第一印象至关重要。那么，又如何给对方留下一个美好的第一印象呢？方法就在本章中。对于那些无法与初次见面的人建立良好关系，以及害羞、不善言辞的朋友，我还特意准备了一些消除这些烦恼的小技巧哟。

第二章"讨人喜欢的话与招人厌恶的话",说话是一门艺术,怎样说话才有助于增强彼此之间的关系?又该采取怎样的态度来听别人说话呢?对别人的话,我们该如何正确作出反应呢?本章总结了一些不管是对初次见面的人还是彼此熟识的人都非常有效的说话方法和心理技巧。

第三章"加深关系的心理学要素",总结了一些加深彼此之间关系的方法。另外,还介绍了一些增强人际关系的心理学知识,以及自我训练的方法。

第四章"人际关系的修复方法",有时我们会不小心破坏人际关系,那么如果彼此的关系一旦破坏,以后该如何相处呢?该怎么样做才能弥补、进而修复破损的人际关系呢?答案就在这一章中。

第五章"职场上百试百灵的心理技巧",职场中的人际关系将左右我们事业的成败,本章为您介绍的是改善职场中人际关系的方法以及说服对方的谈判术。

第一章　初次见面的交际方法、不害羞的方法

↓

第二章　巧舌如簧的方法

↓

第三章　加深关系的方法

↓

第四章　已经破坏的人际关系如何修复

↓

第五章　人际关系技巧／应用篇

您可以选择对自己最有帮助、自己最需要的章节阅读，当然也可以一口气从头读到尾。

根据心理学的知识，我们可以分析出人的心理倾向、行为倾向以及行为模式。所以，如果能够掌握心理学知识，了解人的行为背后隐藏的东西，便可以更加和谐地与人交往，建立良好的人际关系。另外，根据脑科学的知识，我们可以弄清楚"人为什么会这样做"，即行为的原理。结合心理学和脑科学两方面的知识，我们还可以从"现状"和"理由"两方面来研究人际关系的问题。

最后，为读者朋友们介绍一下插画中出场的嘉宾小猴子。它们头上戴花，花的颜色代表当时的心情，我称它们为"样本猴"。"样本猴"是"日本猴"的亚种，而且是一种稀有动物。关于它们的生活习性我们知之甚少，只知道，它们也有人类的一些毛病。它们以集团的方式生活在一起，也经常受到"猿际关系"的困扰。在此，对它们的精彩表演和卖力解说表示特别的感谢！

木瓜制造 / 原田玲仁

CONTENTS

每天懂一点·人际关系心理学／目录

你没瞎扯吧？

不想见人……

CONTENTS

每天懂一点·人际关系心理学／目录

第四章 人际关系的修复方法

CONTENTS

每天懂一点·人际关系心理学／目录

人为什么会为
人际关系问题烦恼?

　　人际关系的烦恼可以说是一个大烦恼，几乎每个人都会遇到。那么，人到底为什么会为人际关系而烦恼呢？而且，为什么说学习了心理学知识后，有助于改善人际关系呢？

您属于哪种类型?
～从同调性看人际关系（1）～

首先，请允许我问大家一个问题。请读者朋友们回想一下自己平时的行为后再作答。

问题：假设您和职场上的同事（或者学校的同学）去饭店聚餐，您发现菜单上有您想吃的菜。此时，服务员走来开始点菜，但有同事先您一步报出自己想点的菜。请问，这种情况下您会怎么办?

1. 不理会别人点什么，按照自己平时的喜好点自己爱吃的菜；

2. 放弃自己想吃的菜，和前面的人点同样的菜；

3. 最后参照大家点的菜，尽量和大家点同样的菜；

4. 最后会参照大家点的菜，如果条件允许的话，会点自己爱吃的菜。

通过这个问题，可以大体了解一个人的"同调性"。即使有自己的意见或希望，也会首先参照周围人的意见或行为行事的人，就是"同调性较高的人"。在上面的问题中，选择2或3的人，同调性就比较高；选择1的人同调性比较低；选择4的人处于前两者之间。不过，有一点需要注意，同行之人的地位、人数等，也会给选择造成较大的影响。如果是和业务上的客户或公司上司一起吃饭的话，那我们可能会表现出较高的同调性；而如果都是同辈的朋友的话，那么一般就会比较随便，想吃什么就点什么。由此可见，人会根据现场条件表现出不同的同调性，但根据上面那个问题，我们大体可以了解一个人同调性的倾向，了解他在人际交往中所属的类型。

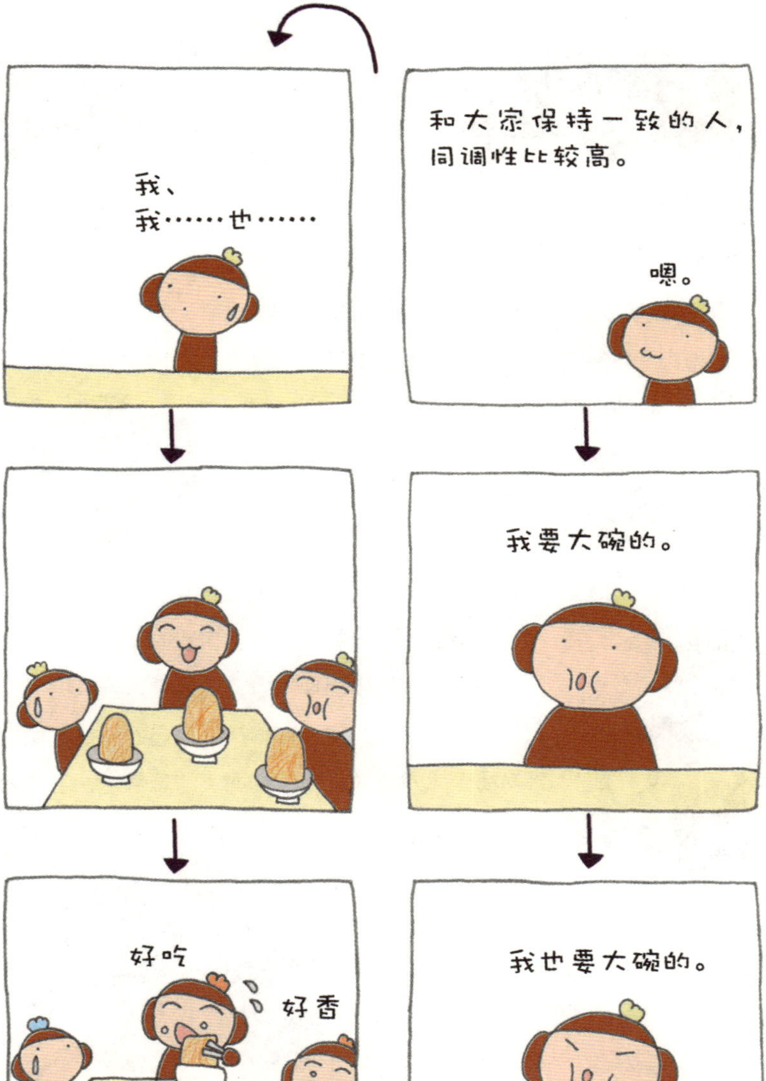
和大家保持一致的人，
同调性比较高。
嗯。
我要大碗的。
我也要大碗的。
我、
我……也……
好吃
好香

您属于哪种类型?
~从同调性看人际关系(2)~

回答前面的问题时**选择 1 的朋友**,与和大家保持协调一致相比,会优先考虑自己的感受。这样的朋友考虑问题时,会"向前看",执行能力强,具有一定的领导资质。然而,由于这样的朋友不容易和别人达成一致的意见,所以人际关系上的问题时常发生。给这些朋友的忠告是,应该根据具体的人和情况,适当采取温和的态度。

主食,就吃面条吧!

选择 2 的朋友属于同调性较高的类型。不过,

随便!都行!

这个类型的朋友容易随大流,自我主张比较弱。他们害怕人际关系中出现纷争,总是希望寻求稳定的人际关系。由于经常压抑和抹杀自己的情绪,他们容易精神压力过大。给这些朋友的忠告是,学会表达自己的意见、展现自我的姿态。

搓手 搓手

选择 3 的朋友,同调性稍高,属于善于考虑整体协调的人。他们视野宽、协调能力强,但自我主张稍弱。这样的朋友虽然不容易陷入人际关系的麻烦之中,但由于他们过于重视整体的协调,会压抑自己,有时甚至会使自己陷入精神紧张的状态。建议这样的朋友,在注意协调整体的同时,也不能忽视自己的能力发挥。

嗯,就听大伙的吧!

选择 4 的人，是平衡感最优秀的类型。他们可以读懂现场的气氛，和他人协调一致，也可以根据情况提出自己的主张。他们总能想别人之所想，因此可以很好地避免人际关系中的纠纷。他们具有协调型的领导资质。不过，其中也有决断力比较弱的人，建议多多磨炼自己的决断力。

今天，面条和菜粥都要！

那么，经过上面的测试，您的同调性如何呢？当然，仅凭这一个测试，对一个人同调性的高低是无法作出定性判断的。不过，我们至少可以了解一个倾向。同调性，不仅仅是一种替别人着想的温和态度的表现，也是一种免受对方攻击的防卫行为。

我们都生活在公司、家庭、朋友圈子等集团当中。在集团中生活，很多情况下都需要我们的协调性和同调性。而且，当人意识到自己是集团的构成成员时，其同调反应就有增强的倾向。同调性低，并不单单是个人性格方面的问题，还可能是由于自己是集团一员的意识比较淡薄造成的。

5

人为什么以集团的方式生活?
~ 集团生活与人际关系纠纷 ~

和他人保持协调一致，有助于建立良好的人际关系。但这样做，就需要压制自己的主张，顺从对方。总是考虑对方的想法，自己会很累，由此也会产生精神压力。

那么，人到底为什么要以集团或组织的形式生活呢? 如果脱离集团，每个人都单独生活的话，那就不会出现人际关系方面的问题了吗?

实际上，**脱离集团，我们人类是很难单独生存下去的。而加入集团或组织，可以给我们带来很多好处**。集团中有细化的社会分工，可以使我们享受到高效、便利的日常生活。不仅如此，在集团中，我们更容易找到"另一半"（配偶、恋人），使繁衍和养育后代不再那么困难。因此，从传宗接代的角度来看，集团生活也给我们提供很多好处和便利。此外，很久以前，我们的祖先就选择以集团的方式生活，并在漫长的历史演进过程中，确立了这样的社会基础。因此，让我们脱离集团去单独生活，已经非常困难了，而且几乎是不可能的。

集团生活虽然带给我们很多好处和便利，以及多样的生活形态，但同时也给我们造成很多精神上的压力。其中，人际关系纠纷，就是重要的精神压力来源之一。而且，随着社会的发展和社会生活的多样化，出现了新型的人际关系纠纷。例如，当移动电话、因特网等新型通信工具普及之后，人与人之间的交流方式也随之发生了改变。我想，这也是促成新型人际关系纠纷产生的原因之一。虽然时代进步了、交流方式改变了，但人们对于交流的思维方式和理解程度，却丝毫没有发生改变。所以，人际关系纠纷不断增加，也是理所当然的事情。

我们有必要从各个角度去探索现代人人际关系的背景、心理、大脑活动等方面的知识。这将有助于我们更好地了解对方，对建立良好的人际关系也能起到至关重要的作用。

而且，随着交流方式的革新，还出现了新型的人际关系问题。

电子邮件

移动电话

人是以集团的方式生活的，

不过……

喂！喂！

你不要不理我呀！

？

因为这样有很多好处。

工作

结婚

购物

咚咚咚

这不是通信工具的错，是愚蠢造成的……

那个是香蕉……

啊！

但是，在集团中也会产生人际关系方面的纠纷。

人际关系与心理学
～ 利用心理学改善人际关系 ～

为什么说学习心理学的知识，有助于改善人际关系呢？因为心理学是一门观察人类行为并通过实验分析人类心理活动的学问。

人类存在"**趋向类同**"的行为模式和思维倾向。掌握了心理学知识之后，我们就可以了解人类的行为模式和思维倾向。也就是说，我们可以弄清别人心里在想什么、想做什么，即心理活动和行为的背景，从而与他人构筑良好的人际关系，并在一定程度上控制自己的感情。没准还可以消除心里多余的烦恼，减轻莫名的痛苦。

不过，只是终日伏案钻研高深的心理学理论的话，对于处理实际的问题是没有什么用处的。因为不将理论应用于实践，就没有任何意义。心理学是研究"人心"的科学。也正因为如此，它能在处理纷繁复杂的人际关系中发挥作用，也只有当它为人们处理了问题之后，才真正具有价值。

在心理学中，涉及人际关系的领域被称为"社会心理学"。本书就以"社会心理学"为中心，辅以"认知心理学"、"色彩心理学"等心理学知识，为您解读人的**心理倾向**，提出改善人际关系的方法。此外，当心理学知识不足以解释某些问题时，我还会动用脑科学的知识，为您从原理上讲解人的思维活动。

不过说到底，本书都只是一本入门读物，很多问题没有解释得过于深入和详细。我编写这本书的主要目的是想激发起您对"人心"和心理学的兴趣。

而且，心理学对实际生活非常有用。

心理学理论
↓
对实际生活有帮助的学问

应用到实践中才是最重要的。

心理学观察人的行为。

哼！

啊！

他生气了。

这本书，我就是以实用为目的编写的。

真的吗？

通过实验，

他哭了。

随时都能当枕头用。

喂！

研究人的心理活动。

原来如此，是这样啊。

💛 大家都为人际关系所烦恼
~ 这是我们最为烦恼的问题之一 ~

我们身边有很多人，包括我们自己，都为人际关系上的问题烦恼过。到现在为止，从没有为此发过愁的人，我还从来没有见到过。在学校、朋友圈子中，会为同学、朋友之间的问题所烦恼；工作后，又会和上司、同事产生新的人际关系问题；结婚后，夫妻之间也常会为意见不合而争吵……

于是，这次我专门作了一个社会调查，调查世人到底对人际关系上的问题存在多大程度的烦恼，又具体为什么样的问题所烦恼。此次，一共对全日本 3517 人进行了"关于人际关系问题的问卷调查"（注1）。调查结果显示，对于问题"最近，您为人际关系问题感到过烦恼吗"，回答"相当烦恼"的人占 10.4%，回答"有点烦恼"的人占 38.7%。由此看来，合计有 49.1% 的人为自己当前的人际关系状况感到烦恼。从行业来看，不仅公司职员有这样的烦恼，家庭主妇和工程师等都有同样的烦恼，就连问卷调查的最小受访者——14 岁的中学生也有人际关系方面的烦恼。现在，基本上两个人中就有一个人为此烦恼。由此可见，**人际关系上的烦恼，离我们这么近，而且无处不在。**

人际关系带来的烦恼其内容也很广，"无法构筑良好的人际关系"、"无法理解对方心里的想法"、"意见、想法不同造成的纷争"等所占比例较高。烦恼的对象中，公司上司占 15.8%、公司同事占 11.3%、朋友占 6.5%、夫妻占 6.4%、邻居占 6.0%……

很多人在公司中、家里，甚至邻里间，都无法理解别人的想法，无法与人建立良好的关系，甚至经常发生纠纷。这些都是人们精神压力大的一个重要来源。

※ 注1：接受调查的总人数为 3517（男性 2145 人、女性 1372 人），受访者年龄范围为 11~93 岁（人数最多的年龄层为 35~40 岁）。

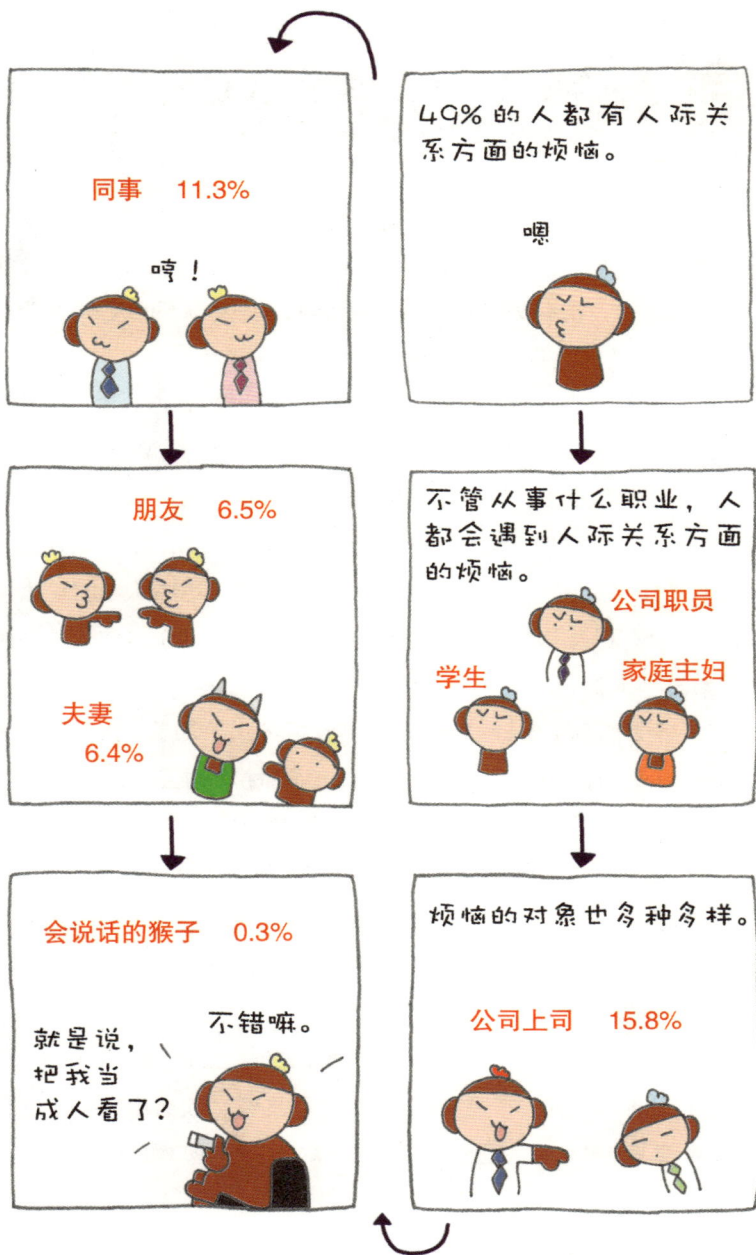

人际关系中的"弱点"（1）
～不好意思开口和人说话～

问卷调查结果显示，"无法与他人建立良好的人际关系"这一人际关系中的烦恼，非常普遍。和他人亲近，看似容易其实很难，特别是面对陌生人时，很多朋友都不敢积极主动地与人接触。对于不认识的人"敬而远之"的"害羞之人"远比我们想象中还多。

不善于主动与人接触，其中一个原因是出于"**自我防卫**"。很多人面临与人接触时，首先会想象一些消极的结果，比如"我和他打招呼，如果遭到冷遇那多没面子"，"我一不小心说出什么奇怪的话，惹对方生气该怎么办"，"说到中途无话可说，那多尴尬啊"……所以，为了不失败，干脆不主动采取行动。此外，还有些性格过于细腻、敏感的人参加派对时，看到大家都在积极主动地介绍自己、推销自己，他们会被这种氛围吓倒，始终无法开口说话。

我希望这些朋友能冷静地想一下。初次相遇时，即使我们表现得不好，造成失败的经历，我们也没什么损失呀，最多就是一时丢脸罢了。但与此相比，和更多的人接触会给我们带来无限多的好处。认识更多的人可以开阔我们的眼界、增长见识、拓宽思路，而且"多个朋友多条路"。**克服害羞心理**的方法其实很简单，就是改变意识和大胆实践。任何人一开始都难免失败，我们要不畏失败、积极挑战，在能力允许的范围内慢慢去尝试，最终总会成功的。

话虽如此，但迈出第一步总是不容易的。所以，本书的第一章将传授给您"初次见面"时的相关交往技巧，第二章介绍的是"说话"的技巧。这些技巧对于克服害羞心理、大胆与人交往都非常有帮助，您不妨参考一下。

我们需要的只是一点勇气，失败了又不会死！

嗯，有道理。
反正又不会死。
加油！

害羞的人很多。

那、那个……

没关系！反正也不会死，放松一点。

你好！

这是一种自我防卫。

！请问……

啊！好可爱的小猴子，一起吃个饭怎么样？

没准……
会出人命……

啊噢！

在与人接触之前，他们首先会想象消极的结果。

你是猴子！

唉～

人际关系中的"弱点"（2）
~ 无法与人构筑亲近的关系 ~

有些朋友虽然平时和人打招呼、寒暄、谈天说地都没问题，但无论如何就是无法和人建立起亲近、深入的关系。

其中的原因可能是由我们的感觉造成的"**误解**"。"别人和自己不亲近"与"感觉别人和自己不亲近"完全是两回事。人都害怕自己被社会、集团拒绝或抛弃，对此都怀有恐惧心理。而越是害怕自己被社会孤立的人，越容易产生"自己无法与别人建立亲近关系"的感觉。如果重视这种感觉，可以给我们正面的力量，即"为了和别人建立亲近的人际关系而努力"；但另一方面，过度的思虑会抑制我们的行动，给我们带来**不必要的不安感**。因此，不必过度深入地思考这个问题，在人际交往中大胆向前走就是了。

不过，也有些朋友不是感觉上的"误解"，而是确实无法和人建立亲近的人际关系。在本书中，我也为这样的朋友准备了几点建议。

例如，在人际交往中，有一个"**单纯接触原理**"，即人与人只要单纯地多接触，也有相互产生好感的倾向。每天都要和大家见面的新闻联播播音员，大多数人都会对他们抱有好感，这就是"单纯接触原理"起作用的结果。

然而，只有好感不一定能建立亲近的关系。为了建立起亲近的关系，还有若干要点。也许，问题就在于无意识之中您在回避这些要点。在本书第三章"加深关系的心理学要素"中，将为您详细介绍这些要点。您可以以此为参考，主动和他人建立亲近的人际关系。

详细地了解对方，

"熟知性原理"

哟? 你喜欢海牛?

和人说话不是问题，

你好! 你好!

找出共同爱好。
"香蕉原理"

请吃香蕉!

等等……

但就是无法与人建立亲近的关系，很多人为此而烦恼。

今天天气不错啊!

总觉得无法走入对方心里。

嗯?

不是什么"香蕉原理"!

正确答案是:
"类似性原理"

要想与对方建立更加亲近的关系，那就多多见面。

"单纯接触原理"

什么?

你好!

人际关系中的"弱点"（3）
~ 各种纷争不断的人 ~

有时，因为一点小事就可以使人际关系出现裂痕，而修复关系是非常困难的。和每天都要见面、打交道的上司或同事发生人际关系方面的问题，是最麻烦的。

人与人之间产生的对立、纷争，心理学中称之为**"人际纠纷"**。人际纠纷可分为利害纠纷、认知纠纷和规范纠纷。**利害纠纷**是由于期待、要求等不同引起的，当自己的利益受到对方损害时，就会发生这种纠纷。**认知纠纷**是因为意见不一致引起的。**规范纠纷**则是由伦理、道德观的差异引起的。例如，由噪声扰民、礼貌问题、说话方式、姿势等引起的纠纷，都属于规范纠纷。

也就是说，人际关系中的问题，一般是因为自己的利益受到别人损害、想法不同、对规范的认识存在差异所引发的。而且，现实中的人际纠纷大多是多种原因交织在一起造成的。举例来说，在公司中和上司意见不合，会发生认知纠纷，而如果这个上司又经常责骂部下的话，那么又会形成规范纠纷。

为了解决人际关系中的这些纠纷，是说服对方好呢？还是自己妥协好呢？其实，方法只有一个，就是双方各让一步，取一个折中的意见。然而，在现实社会中，想找到一个让双方都能接受的办法，圆满地解决纠纷是非常困难的。所以，如果我们有心解决纠纷的话，那么就应该率先表现出一种想解决问题的开放性姿态。当对方看到我们的这种姿态时，也会积极地采取开放性的态度。这是因为人都有一种"回报性"的心理。

在本书的第四章中，介绍了若干修复人际关系裂痕的妙招。为破裂的人际关系感到烦恼的朋友，不妨尝试一下那些心理技巧，来修补受损的人际关系吧。

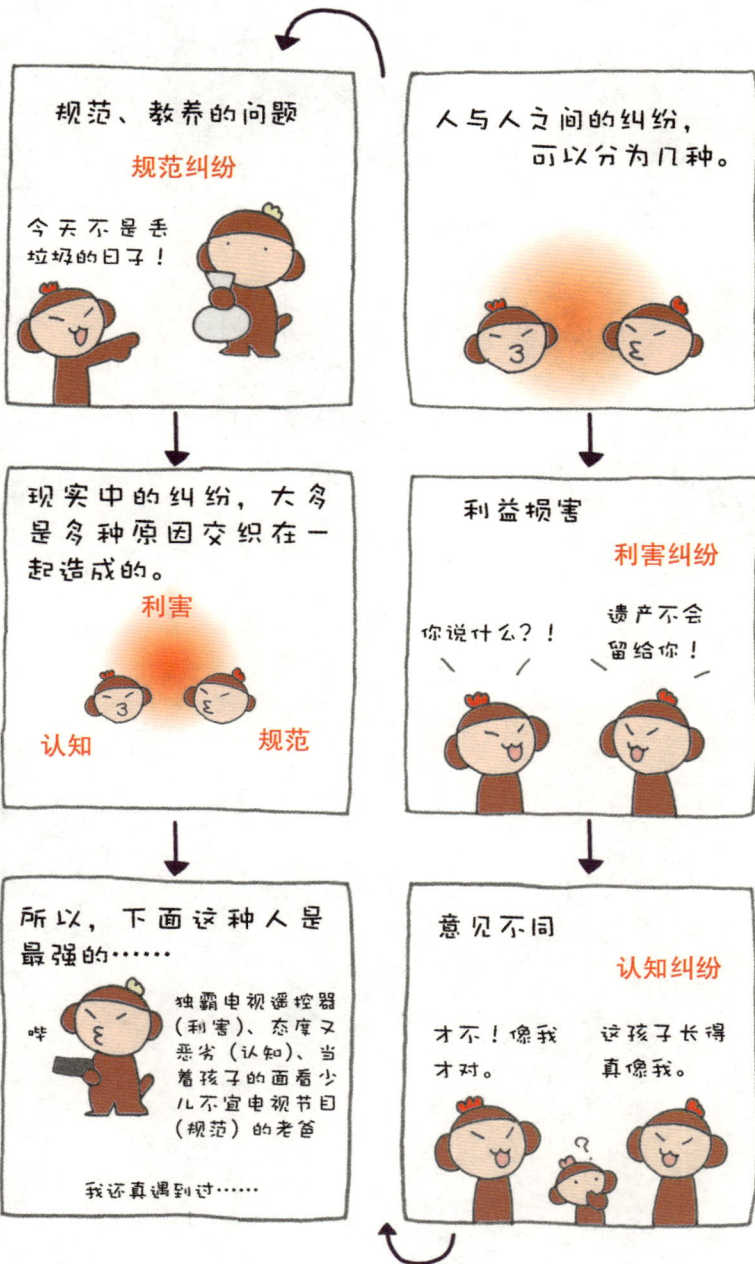

规范、教养的问题

规范纠纷

今天不是丢垃圾的日子！

现实中的纠纷，大多是多种原因交织在一起造成的。

利害

认知　　　规范

所以，下面这种人是最强的……

咻

独霸电视遥控器（利害）、态度又恶劣（认知）、当着孩子的面看少儿不宜电视节目（规范）的老爸

我还真遇到过……

人与人之间的纠纷，可以分为几种。

利益损害

利害纠纷

你说什么？！　　遗产不会留给你！

意见不同

认知纠纷

才不！像我才对。　　这孩子长得真像我。

17

第一章

人际关系
从"相遇"开始

对于建立人际关系来说，最重要、最有效的就是那"相遇的瞬间"。如果初次见面便给人留下良好的第一印象，其后的关系一般都会顺利发展。因此，与人交往的第一步就是注重自己给人的第一印象。本章就为读者朋友们介绍第一印象形成的原理和提高自身形象的方法。

"相会方式" 的重要性
～ 人际关系中 "第一印象" 相当重要 ～

接下来，我将为大家介绍一些构筑良好人际关系的心理技巧。最开始要介绍的，就是人际交往中最为重要的 "相会方式"。如果能把握好第一次相遇的瞬间，那么之后的交往就容易步入正轨。关键在于第一次见面时不要给对方留下一个别扭的印象。人际关系中所谓的 "第一印象" 是非常重要的，这在心理学中被称为 "开头效应"，即人容易受到最初所见事物状况的影响，其影响容易长久持续，并保留在记忆中。

下面，我请朋友们亲身体验一下 "开头效应" 的魔力。请先阅读下列文字。

A. 有知识的　勤勉的　认真的　固执的　喜欢批判的　男性
B. 喜欢批判的　固执的　认真的　勤勉的　有知识的　男性

上面列出了一系列形容某位男性的词汇。开头效应在对话和文字中，同样具有效力。A 和 B 两组形容词，内容是完全一样的，不同的只有顺序上的差别。怎么样？您是不是对 A 组词汇所形容的男性更有好感呢？这是因为受到 "开头效应" 的影响，A 组中前面的 "有知识的"、"勤勉的"、"认真的" 等形容词在人心中留下了较深的印象，而后面出现的 "喜欢批判的" 也容易被人朝正面的方向理解，人们会认为该男性会聪明地、严谨地对事物作出正确的批判。然而，这个词汇在 B 组中则给人截然不同的印象。那就是，这位男性对任何事物都喜欢进行批判，这显然具有负面的影响。而这恰恰就是 "开头效应" 的魔力。

他还喜欢
体育运动……

人容易受到最开始接
收的信息的影响。

哎?

他是一只猴子。

所以,介绍别人的时
候,应该从他最好的地
方开始介绍,

这位是猴山先生。

猴子?
不喜欢!

这是介绍别人
的一般原则。

他非常勤奋,
而且家境也不错。

不过,有时也会遇到特殊情况。

第一印象形成的原理（1）
~第一次第一印象 / 外表~

受到"开头效应"这个心理效应的影响，给人留下的第一印象是非常重要的，相信您以前也多少了解这一点。然而，人与人初次见面时，在非常短的时间内，第一印象就形成了。因此，如何在短时间内给对方留下好印象，是我们要研究的重点。

那么，所谓"短时间"，到底有多短呢?

各种心理学书籍中，有的说"人用六秒钟来判断对方"，有的说"只需两秒钟，就可以给别人留下印象"。总之，从一秒到十几秒说法不一。然而，我们不能说哪个对哪个错、哪个最准确，因为形成印象的时间存在个体差异。而且，调查方法不同，也会得出不同的结论。所以，非要追究到底多长时间才是形成印象最准确的时间，是没有意义的。重要的是，我们已经了解，形成印象所用的时间确实非常短，可以用"一瞬间"来形容。而在人际交往中，最大的机会就在这一瞬之间。

关于第一印象、"开头效应"，各种各样的书籍都曾介绍过，可能有不少朋友早已了解。在这里，我要再进一步，为大家解说一下第一印象形成的原理。

第一印象，其实是分**三个阶段**逐步形成的。

对于对方的外表，我们一般会用 5~6 秒，快的人只需 1~2 秒就能形成印象。特别是接触陌生人比较多的人，他们判断对方的时间会更短，因为对此他们已经熟练化了。通过外表得到的印象，称为**"第一次第一印象"**。

对别人的印象有很多种，比如"诚实的"、"可靠的"、"和蔼的"等（以评价性的形象语言为主）。还有，当对方和自己的亲人、朋友具有相像之处时，我们会联想起亲人、朋友的脸，并和眼前的人进行对照，这是一种视觉印象。

第一次第一印象会保存在我们的头脑中，作为判断人的一个标准。

也就是说，**最容易成为别人判断对象的是"外表"**。外表好的话，容易给人留下好的印象。这里所说的外表，是指对脸、体格、服饰、发型等的综合评价，也包含人由内而外散发出来的一种气质、气场。

而且，人还有一种"以一概全"的心理倾向，即对于外表好的人，也会联想、判断其其他方面也是好的，心理学上称这种心理倾向为"光环效应"。以选举为例进行说明，本来选举应该是一种政治上的判断，但影视明星参加选举总是具有一定的优势，而且现实中也有不少影视明星从政后能够赢得选举的例子，这便是光环效应起作用的结果。本来，好感和政治是两回事，但对于形象好、受欢迎的影视明星，民众也容易对他们产生期待感，期待他们在政治上有出色的表现。

总而言之，改善自己的"外表"对于人际交往是有很多好处的，特别是对于那些害羞的朋友，将会带来很大的帮助。了解了印象形成的原理后，我们就知道给别人留下好印象的方法了。这便是让约会更加轻松、成功率更高的秘诀。还不赶快去实践一下！

第一印象形成的原理（2）
~第二次第一印象 / 表情·视线·声音·说话方式·姿势·动作~

　　看过"外表"之后，我们还会根据对方的表情、视线、声音、说话方式、姿势、动作等，再次对对方形成一个印象。这叫做**"第二次第一印象"**。第二次第一印象比第一次第一印象要弱一些，多数情况下，人都会以第一次第一印象为优先考虑的标准。比如，从外表看，我认为对方是一个"诚实可靠的人"，即使对方在我面前夸夸其谈，我也会把这个印象进行修正，修正到第一次第一印象，即还是认为"他应该是一个诚实可靠的人"。人的这种"固执想法"会对眼睛所看到的形象起到增强作用。只有当我们非常明显地感到异常时，才会对第一次第一印象进行修正。

　　第一次第一印象之所以被人们优先考虑，其实还有一个原因。比如，我一开始认为对方是一个"比较和蔼，容易接近"的人，就会主动与其说话，说话的语气也会很客气。结果，对方同样非常客气，还会讲愉快的话题回应我。最后，我就会确信自己对对方的第一印象是正确的。实际上，这并不是我对对方的第一印象判断正确，而是为了让自己的判断正确，下意识地朝着那个方向采取行动。这种现象在心理学上称为**"预测的自我实现"**。

　　我认为，在第二次第一印象中，各种因素对人造成的影响也有先后顺序。首先给我们造成影响的是**表情和视线**。表情可以归入外表中，所以它具有与第一次第一印象相近的影响力。在见面的一瞬间，如果对方摆出一张"臭脸"，恐怕我们不可能对他有什么好印象。由此可见，表情是非常重要的。其次，视线也需要特别注意。眼神很奇怪的话，一定会给自己招来负面的评价。反过来，如果善于运用眼神的话，可以为我们的形象加分。

　　接下来是**声音和说话方式**。声音的音调、音质等，都会对印象形成造成影响。还有说话的速度、措辞、说话方式等也是重要的影响因素。如果措辞不当的话，可能一下就会影响自己在别人心目中的形象。另外，说话总带"口头禅"的朋友要注意了，"口头禅"也可能让别人看不起哟！

　　再有就是**姿势和动作**。姿势很差将会造成恶劣影响，关于这一点我想没人会提出异议，所以关于"姿势"没有什么讨论的必要。动作也是不可小视的，不经意间手和脚的动作，就可能对自己的形象造成影响。

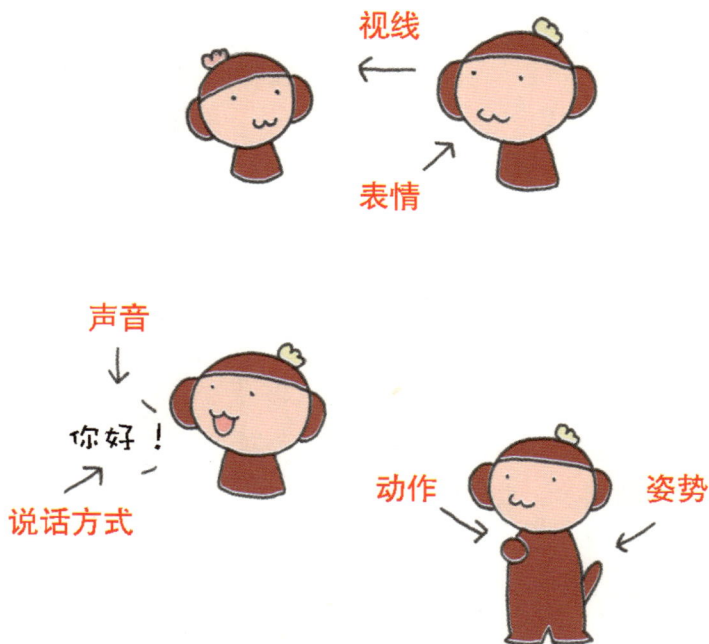

视线

表情

声音

你好！

说话方式

动作　　姿势

💛 第一印象形成的原理（3）
~ 第三次第一印象 / 说话内容 ~

　　最后，通过人"说话的内容"，我们可以感受到他内在的性格，能形成关于他性格方面的印象，例如"原来他是这种性格的人啊"。这叫做"**第三次第一印象**"。第三次第一印象的影响力相对较弱，在某些情况下甚至会被第一次第一印象和第二次第一印象的影响所掩盖。也许您会感到意外，但在初次见面时，说话的内容几乎不会给印象造成影响。不过，话虽这么说，我们也不可轻视说话的内容。富有魅力的、吸引人的说话内容，有助于把彼此的关系引入更深一层。通过第一次第一印象和第二次第一印象获得好感后，优质的说话内容将让我们得到更高的分数。

说话的内容

啊！就是觉得你很美！

　　下面，总结一下第一印象形成的原理。

1. 第一次第一印象（5~6 秒）
　外表的印象，影响力非常强

↓

2. 第二次第一印象（约 1 分钟）
　表情、视线、声音、说话方式、姿势、动作的印象

↓

3. 第三次第一印象（1~3 分钟）

"说话内容"的印象，可以感受到人内在的性格，影响力相对较弱

↓

经过这个过程，便形成了综合性的"第一印象"。

不过，说到底这只是一个一般的例子，印象的形成具有很强的个人差异性。不同的人，有不同的判断标准。有的人会结合自己过去的记忆，有的人特别容易受到"声音"的影响，还有的人十分重视对方的"动作"。所以，前面的介绍只是一个参考。再给大家介绍一个关于第一印象的有趣现象：形成综合性第一印象的时间，是存在**男女差异**的。一般来说，男性更容易受到第一次第一印象的影响，形成印象的时间比较短。而与男性相比，女性更容易受到第二次第一印象、第三次第一印象的影响，形成印象的时间相对较长。

发型
视线
姿势
说话方式

在形成印象的过程中，个人差异比较大。每个人都有易受影响的因素，也有不易受影响的因素。

从下一页开始，我将分项目详细地为您解说如何提升自己留给别人的第一印象。

💛 良好第一印象的制造方法 / 外表、气质 (1)
~ 时刻留意自己的外表 ~

前面我向大家介绍过，人容易受到外表的影响，有人通过实验证实了这一点。在美国，曾有人以 400 名教师为对象进行了调查。调查时，首先给他们看学生的照片和成绩表，然后请教师对学生作出评价。结果，外表评价高的学生，教师对其智力、学习能力的评价也比较高。实际上，展示给教师的所有学生的成绩表几乎都是一样的，但由于外表的不同，教师们对学生的评价也不同。反过来，学生评价老师的时候，也明显受到了外表的影响。外表富有魅力的大学教授与外表不尽如人意的教授相比，在大学生当中更有人气。

不过，虽说**"外表好有优势"**，但外表是无法轻易改变的，所以可能会有朋友这样想："靠外表获得好处的，只有天生的帅哥、美女们，那只是极少的一部分人。"确实，想改变自己的面容和身体是非常困难的，但是，想提高整体外表给人的好感度，还是有办法的。

如果您想改变自己的外表，塑造一个全新的形象，进而给人留下一个良好的第一印象，那么，您应该做的第一件事是走到镜子面前，看着自己的脸对自己说"我一定能做到"，如此进行**自我暗示**。虽然这种方法很原始，但自我暗示可以驱动我们的潜意识，让我们在无意识中发生改变。在您确定这种方法有无效果之前，不妨先尝试一下。而且，经常对着镜子看自己，可以获得被人注视的感觉，我们会因此更加注重自己的外表。不仅如此，我们的外表也会自然发生改变。这种方法还有助于改善害羞的性格。一些朋友羞于见陌生人的原因之一，就是对自己的外表缺乏自信。因此，通过改善自己的外表，还能克服人际交往中的一些障碍。

因此，"磨炼"我们自己的外表非常重要。

好嘞！

美国人曾做过实验，调查学生的外表和受到的评价之间的关系。

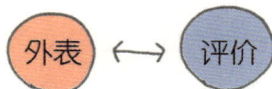

外表 ←→ 评价

先从脸开始吧……

结果，外表好的学生，

是"磨炼"，不是"磨脸"！居然用锉刀……亏你想得出！

好痛……

受到的评价也高。

叮

良好第一印象的制造方法／外表、气质（2）
~ 设定目标，塑造形象 ~

　　一说到改善自己的外表，有些朋友可能会想到买高价的时装、饰品、配饰等。虽然不能简单地说这种方法不好，但一定有更好的方法。

　　改善自己的外表，目的是为了获得别人的好感。昂贵的时装、首饰、箱包等，虽然可以给自己带来满足感，但有可能因此拉大自己和他人之间的距离。所以，重要的是"想让别人怎样看待自己"，"自己想在别人眼中是个什么样子"，而且要能时刻意识到别人的视线。说到改变外表，如果只把"好的外表"作为改变的方向，那么也太过笼统，会使我们不知从何下手。所以，设定具体的目标，才更有利于塑造新的形象。请参考下列容易让人产生好感的描绘形象的词汇，然后为自己的形象设定一个目标。有了目标之后，我们就可以从服装、化妆、表情等方面着手，为自己塑造新形象了。

目标形象的例子

【清爽】

· 外表～服装以简单为佳，颜色以白色为基础色，配以蓝色系，可以展现出清爽的形象。要保持洁白的牙齿，男性以短发为主。不需要配饰。

· 表情、视线～经常保持"微笑"是必需的。笑时从嘴角露出洁白的牙齿，这样效果更佳。至于视线，要始终注视着对方的眼睛。而且，眉宇之间不要挤出皱纹，也不要在人前做深思状。

· 声音、说话方式～音调不高不低，以中等音调为好。说话速度可以稍快，但吐字一定要清晰。说话声音要洪亮。

目标形象的例子

【智慧的（聪明的）】

· 外表～服装以简单为佳，颜色是以藏青色或黑色系为基础的暗色调。戴眼镜看起来会显得知识渊博，可以考虑佩戴眼镜。

· 表情、视线～说话时，基本上不要表现出太多表情，反应要冷静。眉宇间用力，投射出坚定有力的视线。

· 声音、说话方式～说话的音调稍低，可以塑造出智慧的形象。语速尽量放缓，说话时要充满自信。

【明快】

服装颜色应尽量避免暗色调。微笑是基本，不过要注意，如果眼睛不笑的话，会有假笑的嫌疑，而且皮笑肉不笑给人的印象很差。所以，微笑一定要发自内心，眼睛也要一起笑。听对方说话时，反应尽量大。说话声调可以稍高，速度可以稍快。手不要放进口袋里，说话时可以适当加入一些手势。

整体来说，动作和反应不要太大。微笑是必需的，但不要张大嘴笑，即所谓的"笑不露齿"。说话速度尽量放缓。语气要温和，使用敬语是最低要求。手和脚的动作一定要注意，不能显得缺乏修养。最好把手脚安放在某个地方，并注意姿势。

【有品位】

良好第一印象的制造方法 / 外表、气质（3）
~ "仪容" 中必须注意的要点（1）~

在形成第一印象的过程中，人的仪容是一个非常重要的判断基准。仪容是形象中最基本的要素，可以说好的仪容与好的第一印象有必然的联系。虽然仪容很好，不一定能得到过多的正面评价，但是，一旦仪容有点问题，肯定会招致负面的评价。对于仪容不整的人，我们自然而然会产生一种厌恶感，而且大多是在无意识中产生的。

有些年轻学生上学时不太注意自己的仪容，可是一旦进入社会，尤其是工作后，对于仪容的要求就变得非常严格。如果不能根据场合适当地调整自己的仪容，他们可能会遭受挫折。接下来，就为大家介绍仪容中必须注意的要点。

💝 发型

发型在第一印象中所占的重要地位，超乎我们的意料。海外甚至有人专门研究商务人士的发型与成功的关系。不论男性还是女性，刘海都不宜太长，以**短刘海**为佳。短刘海可以显示出完整的脸部表情，突出自己"爽朗"、"向上"的形象。如果刘海超过眉毛，甚至挡住眼睛，容易给人造成阴暗、阴险的印象。而且，长刘海对工作来说也没有任何好处。

男性两侧的头发最好不要遮住耳朵，后侧的头发最好不要碰到衬衫领子。女性则要注意**染发的颜色**。与以前相比，现代人可以接受的头发颜色范围有所扩大，但对于某些职业的从业人员来说，头发的颜色还是稳重一些为好。另外，大多数人都很反感别人的头发不卫生。所以，**"清爽干净"**是任何发型的大前提。千万不要顶着一头头屑或油腻腻的头发就出门。

自动感应脏物，
　自动出水清洗，
　　让您随时保持清洁。

真的?

人的外表中，发型占有很重要的地位。

啊?

哗　哗

清洁是基础。

男性要特别注意清洁

刘海要短

两侧头发不要遮住耳朵

颈后头发不碰到衬衫领子

你个死猴子！

这个……

这个……

这个……

滴答

滴答

看，这个发明如何?

随时清洁

超清洁花洒

良好第一印象的制造方法 / 外表、气质（3）
~"仪容"中必须注意的要点（2）~

✍ 服装

服装也是仪容的一个重要组成部分，但关于如何穿衣，想找到一个统一的标准是非常困难的。首先，评价的标准多种多样，主观性又非常强。如果站在穿衣人的角度，穿着什么样的服装在很大程度上要受到当时心情的影响。人的精神欲求和愿望，可以投射到服装的设计、颜色上。例如，意识到外界的力（压力、视线等）时，人就容易选择设计简单、黑色的服装。不过，要想给别人留下良好的第一印象，能站在对方的角度选择服装，这点是很重要的。

关于服装，最基本的还是**"清洁感"**。衣服上的褶皱容易被我们忽视，但在别人眼中却是非常显眼的，所以穿着之前一定要认真检查。

✍ 饰品、配件

饰品、配件，因为它们都不大，所以容易被忽视，但它们对人的整体形象有着重大影响。很多人佩戴饰品、配件，是从时尚、自我满足的角度出发的，但从留给人的第一印象的角度考虑，这样做的负面影响往往大于正面影响。过于豪华、昂贵或者过于廉价的饰品、配件，并不能提升人的品位，反而还容易给别人留下不好的印象。佩戴饰品、配件，要从**整体平衡的角度**出发进行选择，而且，这些东西并不是必需的。有时，只有为了实现整体搭配平衡，才需要佩戴。对于配件，我们还需要经常检查，例如看看名片夹是否整理有序？记事簿是不是已经破烂不堪？不放过任何细节的敏锐洞察力和姿态，是人际交往中最为宝贵的素质。

咦？哪儿去了？
咦？

哇！厉害！
是朵花啊！嘿！
啊！

仔细看，
好像是
什么东西
的孢子。
呼～

对于饰品和配件等小东西，我们也不能掉以轻心。

例如，记事本也能影响自己在别人心目中的形象。

破旧的
记事本 → 邋遢散漫的人

华美的
记事本 → 读不懂现场气氛的人

名片夹也应该天天整理。

我叫
猴林

我……
我……

35

良好第一印象的制造方法 / 外表、气质（4）
~人最在意的地方还是"脸"~

在外表中，我们最应该注意的地方就是脸。脸部给别人的印象不好，那么整体印象也不会好。认知他人时，我们一般都会先看对方的脸。我们能在一瞬间从对方的脸上获得很多信息，然后再把视线移到对方身体的其他部位，并在无意识之中作出各种判断。

那么，我们为什么要最先看别人的脸呢？为什么通过脸来判断别人呢？

因为脸是人体上最容易识别的部位，可以说，脸是认知他人的基础。另外，脸上还有眼睛、嘴等在交流中起着重要作用的器官。再有，刚出生的婴儿就有先看人脸的行为。

我们的大脑中有一个叫做"视觉野"的部分，这个部分负责对视觉信息进行处理，而在视觉野中存在一种只对人脸作出反应的细胞，而且它们非常发达。在它们的帮助下，我们才能分辨出人脸上微妙的变化。人脸上喜、怒、哀、乐等表情我们看得一目了然，即使是微小的肌肉活动也逃不过我们的眼睛，我们还能在茫茫人海中一眼就看到自己的熟人。

作为脸上的器官，"眼睛"和"嘴"也必须给予足够的重视。眼睛对于我们形象的重要性，大家都已经了解了。但对于嘴，大多数人都忽视了。牙齿整齐且洁白的人，能给人留下一个"爽朗"、"健康"的好印象。现代人有下颚逐渐变小的倾向，结果，现在的年轻人牙齿排列不整齐的人越来越多。另外，日本人的牙齿很容易变黄。可以想象，黄牙给人的印象肯定不会好。总之，牙齿对于形象至关重要，在意这一点的朋友可以去牙科或整形牙科咨询一下医生的意见。

从第一印象中，他能看透一切。

你的性格我行我素，家中兄弟两人，兴趣……

人对别人的脸非常敏感，看人先看脸。

他到底是何方神圣？

这种能力可是我豁出性命锻炼出来的……

我们的大脑中有一种细胞只对人脸作出反应。

他就是终日对妻子察言观色的——

回来这么晚！

她那脸色是……

"妻管严"先生！

传说有一位男士观察人脸的能力相当了得。

💛 良好第一印象的制造方法／外表、气质（5）
～ "气味" 是个盲点 ～

有不少朋友平时也会用香水。这在社交界也许很普遍，但在生意场上，我想提醒大家使用香水的方式方法。为什么这么说呢？因为人的鼻子对气味存在一种 "适应性"，当人在某种气味环境中生活一段时间之后，就感受不到这种气味了。人对自己的体味无法察觉，就是鼻子的这种适应性造成的。通俗地讲，就是自己闻不到自己的气味。而且，对已经适应的气味的强弱也无法作出准确的判断。

另外，**对于气味的好恶，存在相当大的个体差异**。初次约会时，您喷了自己喜欢的香水，本想给对方留下一个好印象，但也许对方刚好不喜欢这种香味，结果反而对您产生了反感。如果自己的气味让对方感觉不快的话，那么第一印象就彻底完蛋了。

美国某大学的研究显示，**气味对好感度的形成能产生强烈的影响**。如果善于使用香水，也选择了对方喜欢的香味，那么就可以给自己赢得好的第一印象。反过来，如果香水使用不当，则可能前功尽弃。所以，想通过使用香水给自己的形象加分，是存在很大风险的。

如果您实在想使用香水的话，那么应该尽量清淡一些，还要避免使用过分个性的香味。有研究人员指出，约会两次之后，可以适当使用香水来赢得对方的好感。对此，我也有同感。通过前面两次约会，已经给对方留下了一个良好的印象，此时使用香水，即使不合对方的 "口味"，对自己形象的影响也不会太大。而且，通过前面的了解，对对方的喜好多少也会有所了解，这样也可以降低选错香水的风险。如果选择的香水刚好是对方喜好的类型，那么将会给对方带来新的刺激，让您在对方心目中的好印象进一步得到加深。

听说鼻子有适应性……
那样的话，吃韭菜馅饺子也没关系吧？！

自己身上的气味，自己察觉不到。

嗯嗯

10分钟后……

还是有臭味……
好奇怪……

这是因为我们的鼻子具有适应性。

香味

没什么味呀？ 10分钟后

今天德古拉伯爵去世，享年214岁。

因此，与人约会时，要特别注意自己的气味。

香过头了

轰

自己还不知道。

良好第一印象的制造方法 / 外表、气质（6）
~ 提升形象的"色彩战略"（1）~

　　想要提升自己的形象，给人留下富有魅力的印象，灵活运用"色彩"的魔力是非常有效的。色彩容易与形象联系起来，能够帮助接收信息一方更好地理解发送信息一方的意图。举例来说，假如您想让自己看起来很"清爽"，如能准确使用色彩搭配，别人就容易感受到您"清爽"的形象。接下来，我就以男性的西装、女性的套装为例，为您介绍色彩与形象的关系。

不同颜色搭配给脸部形象带来的变化（男性）

　　男性西装的搭配方式看似简单，其实非常复杂。这是因为西装、衬衫和领带三者颜色的搭配组合有很大的学问。白色衬衫可以突出脸部，但因为西装颜色、领带颜色的改变，会塑造出完全不同的形象。想要控制自己给别人留下的印象，尽量不要使用种类太多的颜色。

服装的颜色给别人留下的印象

◎黑色西装

黑色西装和白色衬衫基本上算是一种固定搭配，只改变领带的颜色就可以制造出差异很大的多种形象。黑色具有强调、突出其他颜色的作用，但白衬衫露出来的比例一旦改变，黑色所发挥的作用可能增强也可能减弱。红色领带可以传达"热情"、"主见"的意思，所以当您准备在会议上发表意见时，适合佩戴红色领带。蓝色领带则可以彰显"可靠"、"冷静"的性格。佩戴绿色领带时，最好选择颜色较深的绿色，这样看起来会很稳重，给人一种"调和"的感觉。黄色的反差太强，和黑色搭配起来，很难给人留下好印象。

◎灰色西装

浅灰色、明快的灰色西装可以在整体上塑造出一种"平易"的形象。所以，如果搭配上红色领带这种比较强烈的颜色，会破坏整体的平衡。如果搭配红色系中的粉红色，则可以消除红色强烈的主张感，强化"平易"的形象。要佩戴蓝色领带的话，最好也是明快的淡蓝色，这样可以制造出"智慧"、"有品位"的形象。淡绿色领带和浅灰色西装搭配，则有"协调"、"安稳"的形象。

※ 对于颜色的感知，存在强烈的个体差异，所以上述介绍只可作为参考。

良好第一印象的制造方法／外表、气质（6）
~ 提升形象的"色彩战略"（2）~

不同颜色搭配给脸部形象带来的变化（女性）

脸和服装的颜色会形成对比效果或同化效果。总之，受到服装颜色的复杂影响，脸色看起来会和原来不同。相应地，只需改变服装的颜色，就可以轻易改变脸部形象。因为服装的面积和与肌肤之间的距离不同，所以不可一概而论，但一般来说，穿黑色系的服装可以通过颜色（明度）的对比效果，让皮肤看起来更白皙。

服装的颜色给别人留下的印象

服装颜色的搭配，不应根据"适合"、"不适合"来决定。在人际交往中，重要的是想通过颜色传达什么样的想法，想给自己塑造一个什么样的形象。

◎黑色服装

黑色给人的感觉比较强烈，容易形成"冰冷"、"可怕"的印象。黑色还有强调、突出与其搭配的颜色的作用，和白色搭配在一起能制造出"干练"、"摩登"的形象。黑色和灰色搭配的话，就把黑白配的效果弱化了一点。总之，黑色是一种风险不太大的颜色，但想给人留下良好的印象也有一定难度。

◎粉红色服装

　　粉红色是一种温柔的颜色，不仅穿着的一方，就连看的一方也会变得温柔、平易。粉红色服装可以让气氛变得轻松，也能让穿着的人心情平静下来。粉红色和白色搭配在一起，能更加突出温柔的形象，让人变得很"可爱"。如果粉红色和淡绿色搭配起来，能制造一种"细腻"、"甜美"的感觉。

◎蓝色服装

　　明快的蓝色给人一种"爽朗"的感觉，深蓝色则让人感到"可靠"、"可信"。蓝色和白色组合起来，让人显得"年轻"。蓝色与灰色、黑色搭配起来，可以塑造出"干练"的形象。

◎绿色服装

　　绿色是一种带给人安稳、调和感受的颜色，它能让我们感到亲切、亲和。绿色与白色组合起来显得"新鲜"，与黄色组合起来显得"有活力"，与酒红色组合起来则能制造出"异域风情"。

良好第一印象的制造方法／表情、视线（1）
~ 笑容是一张无敌的名片 ~

对第一印象的判断，首先就是看外表。保持仪容整洁，对发型和牙齿进行适当护理，这些"表面功夫"的重要性相信大家已经了解。另外您知道吗？想给别人留下良好的第一印象，还有一个秘密武器。

那就是"笑容"。

肯定有的朋友会说："那还用说！与一张臭脸相比，肯定是笑脸给人的印象更好。"这种想法虽然没错，但是我觉得仅仅理解这样的话，还没有认识到笑容的真正作用。笑容能给人留下非常深刻的印象，可以说**笑容是让人看起来富有魅力的最高级、最厉害的武器**。所以，在第一次与人见面时，笑容一定是不可或缺的。

我们与别人相会的瞬间，应该做到比对方先展现出笑容。也许对方和您一样，初次与陌生人接触也会感到紧张。也许对方心里也在打鼓，"如果对方态度冷淡怎么办"，"如果对方很难搭话怎么办"……而您的一个微笑，就可以把对方从紧张的状态中解救出来。因为笑容中包含着一种强烈的信息，那就是"我怀着好意，真诚地想与你交往"。您把对方从紧张中解救出来，难道他还能对您怀有不好的印象吗？

美女或帅哥，每天都会受人赞美，所以他们不需要笑，即使面无表情，也会很吸引人。但这样的人毕竟只是极少数。而且，虽说外表长相很重要，但如果拥有迷人的微笑，即使相貌普通，也能赢得比美女、帅哥更高的人气。所以，想给人留下好的第一印象，请不要吝惜您的微笑。

如果您不爱笑，可以每天照着镜子练习一下，争取达到随时都可以笑出来的境界。

特别是不善交际的朋友，先从笑容下工夫吧。

好嘞！

笑容对印象的影响很大。

哎～

30分

咦嘻嘻……
呜哈哈……

只要我们微微一笑，对方的评价就会节节高升。

嘿嘿

70分

郁闷！

你在扮傻子吗？

笑容是好意的象征。

好意 →

感觉他人不错。

良好第一印象的制造方法／表情、视线（2）
~ 笑容的效果 ~

笑容为什么会有如此强大的效果呢？

希望您能进一步理解笑容在人际交往中的重要性，所以我再为您介绍一些笑容的秘密。

笑容具有不可思议的效果。您对别人展现出善意的微笑，别人也会对您报以微笑。这是因为人的大脑中有一种叫做"**镜像神经元**"的神经细胞在发挥作用。当我们看到别人的行为之后，镜像神经元就会控制我们模仿对方的行为。比如，看到别人哭或笑，我们的镜像神经元就会被激活，控制我们采取和对方类似的行为模式。"打哈欠会传染"、"洒同情的眼泪"等都是镜像神经元在起作用的结果。总之，在人际交往中，我们投人以微笑，别人也会用笑容回报我们。

从心理学的角度来看，笑还具有让自己心情舒畅、态度积极的作用。有高兴的事,我们自然会笑。但我们不要等有了高兴的事再笑,没事也要笑,用笑让自己的心情愉悦起来。而且，笑还能让我们的身体放松，而人在放松的状态下，谈话也会变得自然、自如、自在。由此可见，笑容给我们带来的正面效果有多大！

再多说一点，笑还能让我们越来越接近帅哥、美女。人在笑的时候，大脑新皮层的前脑联合野会受到刺激，刺激信息被传送到大脑边缘系和视丘下部，从而促进激素的分泌。这样一来，我们的皮肤变得滑润水嫩，脸上也泛出年轻的光泽。可以说，笑容中隐藏着改变外貌的秘诀。

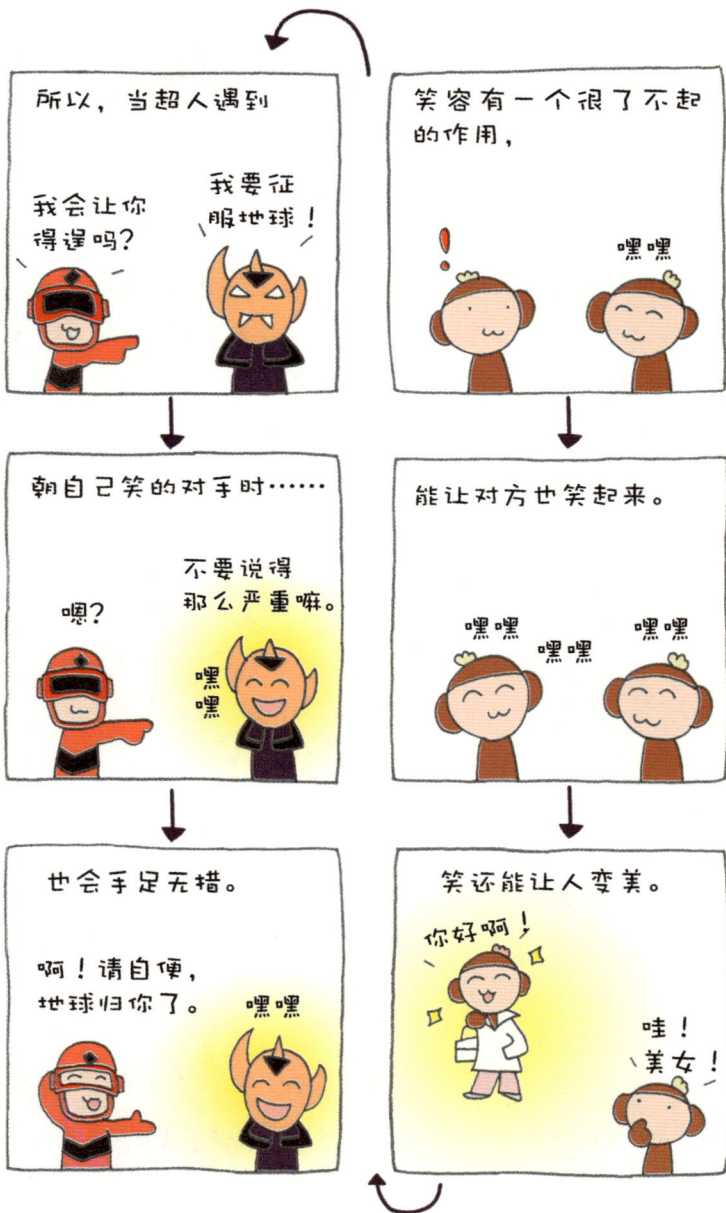

47

良好第一印象的制造方法 / 表情、视线（3）
~ 笑容的练习 ~

既然笑容那么重要，大家赶快来镜子前面练习如何笑吧！也许有朋友对此怀有抵触心理，认为"一个人对着镜子傻笑，太奇怪了"！但是，用自己的笑容给周围的人带来快乐，不是一件非常有意义的事吗？这样想的话，您就不会嫌弃这个练习了。笑容的背后必须得有一个好心情。记住，这个笑容练习，将给您日后接触的每一个人带来舒畅的心情。另外，还会给您自身带来莫大的好处。想到这些，我想您一定会对笑容练习充满兴趣了吧。

1. 嘴角上扬

最基本的练习就是向上扬嘴角。嘴角是上嘴唇与下嘴唇连接的地方，嘴角上扬是笑的基本动作。我们可以对着镜子练习这个动作。注意，嘴角上扬的时候下巴不能下沉。嘴角周围，是表情肌肉密集分布的区域。不会笑或者笑起来很难看的人，可能就是这个区域的肌肉僵硬所致。按摩嘴角周围的肌肉，或反复张大嘴巴发"a"的音，可以慢慢使肌肉软化下来。此外，还可以反复练习让嘴角上扬、下落。

2. 露出牙齿笑

在嘴角上扬的同时，稍微张开嘴，露出一点牙齿，这样的笑容更有魅力。您可以尝试一下，对着镜子做一个不露齿的微笑和一个露齿的笑，比较一下哪种笑更有魅力。是不是露齿的笑更好看一些？笑的时候露出牙齿，说明是从心底发出的笑，因为露出牙齿是心扉敞开的标志。而且，洁白的牙齿还能给人留下"爽朗"、"年轻"、"清洁"的印象，可以提高好感度。留心一下，您就会发现，演艺明星都特别注意牙齿的护理，原因就在这里。

3. 锻炼脸颊肌肉，活动眉毛

下一项锻炼是活动脸颊的肌肉。方法就是两侧交替地"挤眉弄眼"，我这样说是不是更容易理解一点？每天只要做 20 次，脸颊的肌肉就会比以前更有活力。照着镜子，确认一下自己嘴角上扬的最佳位置，为自己的笑容找一个"标准型"。开始时，可以用手辅助嘴角运动，慢慢掌握了以后，便可以不用手自然而然地将嘴角上扬到最佳位置了。最后是练习眉毛附近的肌肉，这部分肌肉可以通过上下活动眉毛加以锻炼。

嘴角上扬　　　　　　　　露齿笑

确认一下理想的笑容
确认一下嘴角上扬的最佳位置

良好第一印象的制造方法 / 表情、视线（4）
~ 注视对方的时间 ~

想给对方留下好印象，"微笑地看着对方"很重要，但**"看的时间"也很有讲究**，注视时间的长短会对印象的形成造成影响。如果一直注视着对方，会让对方感到局促不安。有心理学家曾做过实验，结果显示，说话过程中有 70% 左右的时间注视对方比较合适。也就是说，看 5~7 秒钟，就把视线移开一瞬间（1~2 秒）。然而，一开始我们根本没有多余的心思去考虑这些，如果光想着看对方的时间问题，就会忽视对方所说的话，那样就很没礼貌了。如果对方频繁地移开视线，那我们也要有意识地缩短注视对方的时间。如果对方长时间注视着我们，我们也应该适当延长注视对方的时间。总之，要根据对方的行为来调整自己的行为。

其实，**每个人对于别人看自己时间长短的感受不同**。有人喜欢别人一直注视着自己，有的人则不喜欢被别人盯着看。所以，我们不能生搬硬套别人的经验或实验数据，应该具体情况具体分析，学会随机应变。另外，单纯地移开视线，会让对方质疑我们是不是讨厌他。所以，移开视线也是有技巧的，我们可以装出思考问题的样子移开视线，也可以表示感动而闭上眼睛。如果您在和人谈话的过程中，感觉游刃有余的话，可以多花点心思想想细节方面的问题。不过有一点需要特别注意，移开视线时，不可以去看其他人。那样的话，对方会以为我们轻视他。

对于怀有好感的异性，我们可以适当延长注视对方的时间，这样更有利于向对方传达我们的好感。

另外，如果谈话的对方不是一个人的话，那么**基本原则是谁说话就看着谁**。自己发言时，则应该把视线平均分配给在场的每一个人，即每个人都看几秒钟，轮流看。如果在场的人中有地位较高的人，那么我们会无意识地把目光都分配给他一个人。这种情况下的基本原则是，不要过于露骨地盯着那位地位较高者看。

移开视线的时机最好和对方重合，

又移开了……

看着对方的脸说话，

啊，是这样啊，今年的香蕉……

说到转移视线，我们可是专家。

专家？

5～7秒钟就把视线移开一瞬间（1～2秒钟）

嗯。

喂！这算什么转移视线！

剪刀石头布！

看那边！

如果一直盯着别人看，可能会让对方感到尴尬，让对方对自己产生不好的印象。

我盯——

良好第一印象的制造方法／表情、视线（5）
~ 不可轻视"视线" ~

很多朋友在初次约会时，虽然一开始可以专心控制自己的视线，但过不了多久，眼睛就开始东张西望了。这说明他们对对方的谈话感到厌倦，想尽快结束谈话。虽然这种动作是无意识中做出来的，但非常失礼，会让对方感到非常不快。所以，在与人谈话时，应该自始至终保持紧张状态，大部分时间都把视线集中到对方身上。

虽说和人谈话时，应该时刻把自己的注意力集中到对方身上。但是，长时间集中注意力的话，我们也会感到疲劳，那样的话就很难再继续坚持下去了。这可如何是好呢？我们可以训练自己对对方产生兴趣。除了从对方的话中寻找有趣的内容外，还可以试着分析一下对方是个什么样的人，他身上有哪些优点等。

对一个人感兴趣的话，我们的注意力就可以长时间集中在他身上。另外，充满兴趣地看一个人时，我们的"瞳孔"会变大。而且，当人的瞳孔适当变大时，眼睛看起来会更加水润有神，因此也可以提升自己在对方心目中的形象。**人会无意识地根据对方瞳孔的大小，来判断对方对自己感兴趣的程度**。而分辨假笑还是真笑的方法之一，就是观察对方瞳孔的大小。

也就是说，当您怀着兴趣注视对方的时候，您的视线稳定，瞳孔也会适当变大，能够给对方留下良好的印象。

再有，当我们的视线与对方相对时，大脑内会分泌一种名为"多巴胺"的神经传导物质，而多巴胺能给人带来快乐、愉悦的情绪。综上所述，视线是一种非常重要的社交工具。

唉，对方讲话很无聊，但也得集中精神啊！
嗯
嗯
然后……
他是不是很过分？
不行！不能走神！
你说是不是？
嗯？
眼睛好难受。啊，眼泪流出来了。
他这么关心我的事情……
眼睛好痛……
太感谢了！
虽然不知怎么回事，但总算是个好结果。

良好第一印象的制造方法／声音、说话方式（1）
～语速快慢和声音大小～

　　接下来，我想提醒您关心一下自己的语速。研究表明，人的语速快慢和性格存在很大的关系，语速是表现一个人性格的重要因素。

　　例如，语速快的人，一般都是好胜心强、自我主张强的人。这是因为，他们想把头脑中想的事情马上传达给对方，想比对方抢先占据优势地位，从他们很快的语速中我们就可以看出这种心理倾向。另外，说话慢条斯理的人，一般都比较自信。因为他们相信，即使自己不用快速说话，对方也会注意自己所说的话。

　　当人遇到语速和自己差不多的人时，心情会比较舒畅。语速快的人遇到同样快言快语的人就会很高兴，而语速慢的人遇到说话慢条斯理的人，容易对对方产生好印象。

　　所以，我们在把握自己语速的同时，还要留心观察对方的语速，**根据对方的语速调整自己的语速**，这是给人留下好印象的一个窍门。但如果谈得投机，一谈起来就容易忘记控制语速，暴露了自己平时的语速。所以，在谈话的时候，尽量随时注意一下自己的语速。

　　另外，说话声音的大小也对自己的形象有影响。例如，平日里说话就很大声的人，遇到说话声音很小的人，会感到不适应；而平时喜欢低声说话的人，对于说话声音很大的人会有一种抵触感。基本上来说，说话声音的大小并不存在好与不好之分，都是相对的，最好的做法是**根据对方的声音，调整自己的声音，做到协调一致**。

我平时总是快言快语，今天练习慢慢说。

说话速度和对方保持一致的话，

啪啦啪啦
啪啦啪啦

列一车一门一马一上就一要一

会让对方感觉很舒服。

愉快

啪啦啪啦
啪啦啪啦

关一闭一了

嗄～

哎呀！

说话快的人练习慢慢说话，说话慢的人练习加快语速。

好嘞！

55

良好第一印象的制造方法 / 声音、说话方式（2）
~ 注意说话的声音 ~

　　下面我们来聊聊说话的"声音"。说话的声音对人的形象也有很大的影响。性格内向、不太善于和人交往的人，说话声音小，而且容易吞吞吐吐说不清楚。

　　说话吞吞吐吐、吐字不清也是很多人存在的问题。比较典型的就是吞音、吃音现象，比如，"早上好"，有的人就会含混地说成"早好"，把中间的"上"字含糊地一带而过。这样打招呼，肯定不会给对方留下好印象。因为这样的朋友羞于认真地同别人打招呼，所以才会如此应付了事，但在对方眼中就变成了没礼貌，自然不会留下什么好的印象。

　　另外，当人缺乏自信时，说话也有吐字不清的倾向。所以，特别是在进行说明、介绍的时候，一定要有自信，否则吐字不清的话，会影响可信度。

　　我们在说话时，一定要注意保持"清澈、明亮的声音"。仅此一项，就可以提升我们在别人心目中的印象。**说话时嘴巴要张大，发音准确、吐字清晰、声音洪亮，特别要注意不可吞音、吃音，句末也不可松懈。**

　　我们说话的声音，是通过呼吸吸入空气，空气经过喉咙时让声带振动发出的。声带是由周边肌肉控制的，我们无法直接控制声带。在我们平时呼吸时，声带处于打开状态，不会动，但当我们想要发声时，声带就会闭合，在空气的作用下便会振动发出声音。声带制造出的声音，在口腔中、鼻腔中、喉咙深处产生共鸣，就形成了音色。我们说话的声音就是由这种共鸣制造出来的。音色还要通过舌头、牙齿、嘴唇等的调音，最终形成别人听到的声音。

　　在下一小节中，我将教您简单易行、随时可练的声音训练法。

我打招呼的方式，保
证大家都喜欢。

早~

我的名字叫

歌唱家。

因为一大早就让对方听
到如此美妙的声音。

上~

当然，
这是一个绰号。

但这家伙"唱"个招呼，
要"唱"5分46秒……
真是受不了！

好！

烦死了
烦死了

因为我说话声音洪亮，
像唱歌一样，所以大家
都这么叫我。

啦———

良好第一印象的制造方法 / 声音、说话方式（3）
~ 美妙声音训练法 ~

　　想要发出好听的声音，说话时要有意识地张大嘴巴，并采用"腹式呼吸法"。腹式呼吸法，是一种让横膈膜下沉，吸入大量空气的呼吸方法。吸气时，想象着肩膀和胸部不动，将空气大量吸入肺中。因为采用这种呼吸方法吸气时，肚子会膨胀起来，所以叫腹式呼吸法。然后，再使用腹肌的力量把吸入的空气慢慢地呼出来。与吸气相比，应该把注意力集中到呼气上，利用呼气的反作用力再慢慢吸气，这样就容易实现腹式呼吸了。当您能够自如地进行腹式呼吸后，就能控制自己的声音了。

　　想发出较低的声音，就想象用胸部周围发声。微收下巴，就像把声音困在胸中然后再释放出来的感觉一样。采用腹式呼吸法，在慢慢吐气的同时发"嗯——"的音，这是一种很好的发声练习。用较低的音调说话，能让您的说服力倍增。所以，在公司会议发言、商务谈判时，适合用比较低的音调说话。

　　想发出较高的声音，就想象用头的部位在发音。在发"嗯——"音的时候，一点点提高音调，直到感觉声音从喉咙一直蹿到了头顶。想象着在脸部肌肉、眼睛、鼻子等都拉伸开来的同时发出声音。较高的音调可以给人一种直率、真实的感觉，而且较高的音调可以传出很远，容易留在对方的记忆中。不过，过高的音调就有点"烦人"了，所以一定要把握好尺度。

　　想发出清晰、洪亮的声音，可以将上下牙齿都露出来，充分使用嘴唇进行"a"、"i"、"u"、"e"、"o"的发声练习。然后再做将上下齿咬合、张开嘴唇发"i——"音的练习，接下来再练习"u"的发音。反复交替进行上述练习，就可以掌握张开嘴唇清晰发音的要领了。书店里有发声法的专业练习书籍，如果对此有兴趣的话，朋友们不妨买来学习一下。

所以，电视购物中的导购员说话音调都很高……

学会控制说话音调的高低，将给您带来很多好处。

高

a ——

低

结果，很多本来不需要的东西，我们也会买……

打印机
打印机

我要一台打印机。

低的音调让您具有说服力。

这个是……

原来如此。

刚想起来，我既没有电脑也没有数码相机……

高的音调容易给人留下深刻印象。

A A
A
A

是A。

良好第一印象的制造方法／声音、说话方式（4）
~ 优美的措辞和需要注意的"习惯用语" ~

人喜欢根据印象作出判断。虽然印象是非常表面化的东西，但我们却经常把它们误认为就是人或事物的本质。"措辞"就是其中一例。本来，人说话时所使用的措辞，受成长环境的影响很大，和人的本质没有什么关系，但**我们却容易把一个人的措辞和他的本质联系起来。**更何况，绝大多数人都无法做到把自己心中所想的事情完全准确地用语言表达出来，却愿意相信别人所说的话就等于他心中所想的事情，还因为别人所说的话而感到开心或不快。

反过来说，因为我们相信语言可以完全准确地表达内心，所以也认为别人所说的话，就能代表他的内心。进而容易错误地认为，对方说话时使用的语言漂亮，他的内心也一定很美。这也是"光环效应"的一种。从这个角度看，要想给人留下好的印象，我们也要提高自己的语言水平，尽量使用优雅的措辞。为此，我们也应该多使用敬语。

另外，关于谈吐，还应该注意的是一些"习惯用语"。既然是"习惯用语"，就是我们无意识说出来的，自己很难注意到的。

举例来说，比如在陈述某件事情时，有的朋友会省略主语"我"，其实这是一种"不想承担责任"的心理在起作用的结果，容易给人造成"不负责任"的印象。所以，有些"我"是不能省略的。再比如，"大概"、"也许"之类暧昧不清、模棱两可的话最好少说。还有的人喜欢使用"难道不是……吗"的反问句型，听起来非常刺耳。他们心里是想让对方同意自己，和自己产生共鸣，但反问的句型有强加于人的嫌疑。经常说的话，会让听者觉得很不舒服。

如果对方是家人或朋友，听到我们所说的话有不妥的地方，会直接提出指正。但面对陌生人时，对方是不会当面指正我们的，只会在心里降低我们形象的分数。所以，我们一定要注意措辞和说话方式。那些不太受人欢迎的"习惯用语"，您可以写出来记在笔记本上，有空看一看随时提醒自己。

嗯,我基本上明白了。

语言是人际交往的一个基本工具。

语言

最近大家都说你说话很有礼貌,措辞很优雅。

成吗?
→ 可以吗?

懂啦
→ 知道了

你没瞎扯吧?

成吗?
→ 可以吗?

最好使用敬语。

记下记下

良好第一印象的制造方法 / 姿势、动作（1）
~ 端正的姿势给人一种可靠感 ~

　　我发现，有很多朋友都不太在意自己的姿势。然而，姿势的好坏，对于初期人际关系的建立有着很大的影响。姿势不好的话，要么使人看起来缺乏自信，要么看起来没有教养。**良好姿势的基本要领是腰背挺直、下颚微收、挺胸抬头、脸朝正前方**。说到姿势好的人，人们容易联想到有教养的人、运动员等。一个人的姿势好，甚至会让对方觉得他是一个"正直、坚定的人"，从而产生信任感。再有，姿势好还能让人显得健康、漂亮。姿势大多是平时养成的习惯，所以我们自己很难发现自身存在的问题，必须对着镜子认真寻找问题点，或者请朋友帮忙客观地分析一下。

　　另外，还有的朋友站立时会有意识地保持良好的姿态，可一旦坐到椅子上，就完全变了样，突然散漫了起来。因为从站立的紧张状态转入坐下的放松状态后，有些朋友就会放松对身体的控制。这一点一定要引起重视。

　　再有，"手"的动作也需要注意。手也可以表达人的感情。如果手摇来晃去，或者频繁地东摸西摸，那就是感到无聊的一个信号。特别是女性，在感到无聊时，大多会用手频繁抚弄头发。所以，见到女性频繁抚弄头发时，我们就要注意了。另外，人放松的时候也容易忘记控制自己的双手。请牢记，放松的时候也不能失态。

　　不过，有时也需要积极地活动"手"。我们在说话时，如果能加上一些恰到好处的手势，可以提升自己的形象，给人留下"诚实的人"、"幽默的人"等印象。但是，幅度过大的动作会招致反效果，所以要控制好幅度。**手势活动的基本范围是纵向从颈部到腹部，横向不要超过肩宽。**

这位就是弗兰肯。

好的姿势可以为我们赢得别人的信任。

下颚微收

挺胸

腰背挺直

看起来很有教养嘛。

姿势好的人会被认为很有修养。

叮——

他一定是好人。

据说是他妈妈教他的。

啊嘎——

我有一个朋友姿态特别好。

真的？

🤝 良好第一印象的制造方法 / 姿势、动作（2）
~ "脚" 所表现出来的态度 ~

在谈论姿势、动作时，"脚"容易被我们忽视，成为一个盲点。很多人都知道脸、手是形成印象的重要部位，因此都会特别注意这些部位的姿态、动作，但对于自己的腿和脚，却少有人关注。其实，我们腿和脚的一举一动也在对方的注视之下，也是影响整体评价的重要因素。但非常遗憾的是，即使我们腿、脚的动作规矩、到位，也不一定能得到好的评价，可一旦姿势、动作不雅的话，马上就会给人造成不好的印象。

例如，与别人谈话时，如果脚不正对着对方，而是朝向其他方向的话，就表明我们感觉很无聊，想赶快离开此地，逃离这种气氛。相当于向对方发出了一个信号，那就是"我感到很无聊，我对你没有兴趣"。另外，在对方面前跷起二郎腿，又频繁地放下、跷起、换方向再跷起的人，说明他的注意力根本没在对方身上，而这种举动容易被别人评价为"不可靠的人"。在初次见面的朋友面前，原则上是不可以跷二郎腿的。

其实，脚和手一样，会在无意识当中就把自己的内心暴露出来。人说谎的时候，腿就容易单调地摇摆，或者频繁地交替跷二郎腿。所以，有人甚至说，想看穿对方是否说谎，看腿脚比看脸更有效。

标准站姿的要点是，尽量用整个脚掌支撑身体的重量，脚跟并拢，脚尖适当张开。女性的话，脚尖之间保持一拳距离；男性的话，再适当张大一点。而且，还要注意两个膝盖不要分离。坐在椅子上时，即使非常放松，脚也不要离开地面。关于体态、姿势的书，书店中有很多，想在这方面有所提高的朋友，可以去买来参考一下。

与人谈话时，如果脚不朝向对方的话，

是吗？
真厉害啊！

真的！
都把我吓到了。

说明对对方不感兴趣，

真无
聊啊······

嗯？
被看穿了。　你说谎吧！

想从这个无聊的气氛中尽快逃出去。

真想快点
走人······

良好第一印象的制造方法／姿势、动作（3）
~揣摩自己与他人之间的"距离"~

　　面对第一次见面的朋友，我们应该注意自己的姿态、动作，也就是说"怎样站着"很重要，但同时还有另外一点也很重要，那就是"站在哪里"。通俗地讲，就是和对方之间保持什么样的距离最合适。我们每个人的周围，都有一块像领地一样的"私人空间"。对于第一次见面的朋友，最好不要轻易闯入其私人空间。因为亲密的熟人进入我们的私人空间，能让我们感到舒服、愉快，但若是不亲近的人、陌生人闯入我们的私人空间，我们会感到局促不安，陷入紧张状态。我们在拥挤的电梯中会感觉很不自在，就是因为电梯空间狭小，陌生人彼此进入了对方的私人空间造成的。因此，与人初次见面时，不要深入对方的私人空间，这样比较稳妥。

　　另外，关于私人空间的大小，和性别、性格有一定的关系。一般来说，女性的私人空间范围比男性更大，性格内向的人的私人空间范围比性格外向的人更大。另外，和对方关系的亲疏，也会影响自己私人空间的大小。了解了私人空间的知识后，在和人交往的过程中，就要时刻意识到私人空间的存在。尤其是初次与人见面时，不可与人太过接近，要保持一个让对方心情舒畅、感到自在的距离为好。

私人空间的一般范围

男性
前后 0.75~1.2 米
横向 0.5~1 米

女性
前后 0.75~1.5 米
横向 0.75~1 米

※ 和对方关系的亲疏，也会影响私人空间的大小。

私人空间的大小还会根据对方的不同而不同。

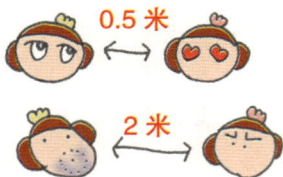

0.5 米

2 米

每个人都有一个私人领地，叫做"私人空间"。

离我这么远，他什么意思……

有陌生人闯入我们的私人空间时，我们会感到局促不安、不自在。

喂！

不高兴！

尤其是初次与人见面时，更应该注意彼此之间的距离。

0.75 ～ 1.5 米

良好第一印象的制造方法／说话的内容
~ 谈话时，"话题的多少"比"深度"更重要 ~

我想，任何人在初次与陌生人见面时，都会为聊什么话题而发愁。虽说对于第一印象的形成，谈话的内容影响不大，但如果善于交谈、谈话内容风趣的话，肯定会给自己的形象加分。因为很多因素都是相互联系的，每一个环节都不可忽视。

那么，到底说点什么好呢？

最一般的话题就是聊聊天气或季节，例如"最近冷起来了"、"今晚看样子要下雨了"等。关于时事、新闻的话题，也比较容易聊得起来。因为大家都了解的话题，更容易回答一些。然而，这样的话题，也很容易以一句"对，就是"加以终结。那样的话，就又陷入了沉默。容易开头的话题，也容易瞬间陷入沉默的尴尬。突然中止的话题，比什么都尴尬。

对于天气、季节的话题，为了不让它们轻易终结，可以以此为契机转向其他话题。比如，"天气这么冷，吃火锅最舒服了"，然后继续扩展下去，"这附近就有一家很不错的火锅店"，"前段时间，我吃了一次涮涮锅"……如果刚好是对方感兴趣的话题，就可以继续聊下去了。**在初次见面时，谈话的"深度"并不是最重要的，而最重要的是"话题的数量"要足够多。**

另外，一旦谈话"卡壳"、继续不下去时，我教您一个挽回局面的好方法，那就是向对方"提问题"。我们提出了问题，对方必须得回答点什么。比如，"说到火锅，你最喜欢哪种火锅"等。从对方的反应中，观察他的态度，从而找到突破口。

关于"提问题"，我会在第二章进行详细介绍，大家不妨参考一下。

初次见面，为了扩展话题，可以向对方提问题。

你喜欢锅吗？

你喜欢什么样的锅？

嗯……

鸡杂锅、什锦锅、麻辣锅？

还有西红柿锅，有你喜欢的没？

土锅？

我喜欢土锅！

日本语还真是容易造成误解啊……

你说的是容器啊？

哼

平日里多积累杂学知识
~ 增加话题的数量 ~

　　人的大脑中，究竟能存储多少话题呢？根据研究大脑的科学家推测，人的大脑可以轻松存储数十万册的图书。虽然是理论值，但我们的大脑装下几座图书馆是没有问题的。有心理学家通过实验测出的实际数值是，我们头脑中存储的话题数量，足够我们连续说上 20 小时。可是，这只是科学家们测试出来的结果，当我们真的面对陌生人时，会发现自己能想起的话题寥寥无几。

　　人要唤醒头脑中的记忆，需要神经细胞之间进行复杂连接并传递信号，才能使记忆再现。鲜明的记忆容易被回想起，所以信号传递通畅；而淡忘了的记忆，神经细胞之间的联系已经被切断，所以信号传递不畅。谈话的过程中，之所以可以突然唤醒以前的某个记忆，就是因为刚才听到的话刺激了神经细胞，让它们之间又恢复了联系。

　　也就是说，虽然我们的头脑中有很多存储话题的"小抽屉"，但其中大部分都由于种种原因打不开了。所以，抽屉要是经常使用的话，就容易打开，而一段时间不用的话，就会由于变形等原因，开关不灵活了。如果您想让自己变得健谈，那就要在平日里多学习一些杂学知识，不断充实自己的头脑。这样，头脑中的小抽屉，就随时都能打开。

　　那么，该学哪些方面的杂学知识呢？既然是杂学，就越广泛越好，先从自己感兴趣的方面开始入手吧。

我的爷爷

为了让自己变得更健谈，

嗯……

什么？　曾经把假牙掉
到了马桶里。
哈哈哈哈……

应该在平日里多积累各
方面的知识。

这个不错，可以用。

你那是爷
爷话题！　时事话题！

时事话题也不错，了解
得越多越好。

嗯，报纸
也要读……

猴子日报

（译者注：日语中，"爷爷" 的发音与 "时事" 相近。）

良好第一印象的制造方法 / 总结
~ 第一印象是对所有感觉的综合评价 ~

最后，总结一下塑造良好第一印象的方法。

1. 外表、气质

对于第一印象来说，外表非常重要。我们必须重视外表，学习一些提高自身外在形象的知识。要时刻注意自己的外表，保持服装整洁，适当对脸部加以修饰。另外，服装和领带的颜色搭配，也要注意。

2. 表情、视线

表情中，最能给人留下好印象的要数"笑容"了。所以，我们平时要对着镜子多练习笑的方法。另外，视线也很重要。谈话时，我们要用眼神表现出对对方感兴趣，视线不应引起别人的讨厌。

3. 声音、说话方式

说话声音清晰、明确，这一点最重要。另外，自己的语速最好根据对方的语速加以调整，这样能让对方感觉舒服。再有，还要加强语言修养，学会使用优美的措辞。

4. 姿势、动作

姿势端正的人，容易被人看做"正直"的人，因而能获得别人的信任。人在感到无聊时，会下意识地活动手和脚。然而，这样容易给人造成不好的印象，所以要时刻控制好自己的手和脚。此外，还要注意，对于初次见面的朋友，不要太过接近，不要深入对方的私人空间，这样会比较稳妥。

5. 说话的内容

尽量找出对方感兴趣的话题。初次见面时,与谈话的深度相比,谈话的广度更重要,也就是说话题的数量一定要足够多。所以,我们要在平时多积累各种知识,让自己变成一个知识丰富、博学的人,这样一来就可以侃侃而谈了。再有,当谈话"卡壳"、无法继续进行下去的时候,可以采用提问的方式让谈话继续。

人在判断他人或事物时,对视觉的依赖度相当高,因此第一印象受视觉的影响非常大。耐心读到这里的朋友,相信您已经发现了,形成第一印象的时候不仅仅要依靠视觉。从"外观、气质"、"表情、视线"、"姿势、动作"(视觉),到"声音、说话方式"(听觉)、"气味"(嗅觉)等,对大部分感觉器官来个总动员后,人才会作出判断,形成第一印象。由最新的"质感脑信息学"的研究成果得知,我们不会仅仅通过视觉去感知视觉信息,我们的皮肤也会"看";声音不仅能通过耳朵听到,皮肤也会"听"。有些颜色本来我的眼睛应该无法感知的,有些声音我们的耳朵应该也无法听到,但对于那些颜色和声音,我们会"不知不觉"地受其吸引,这就说明我们的身体在动用多种感觉器官感知外面的世界。也许我们是用全身来认识事物的。因此,我们不单单要重视视觉,还要磨炼各种感知器官的"探测"能力。

好印象

表情、视线

姿势、动作

声音、说话方式、说话内容

外表、气质

握手的力量

　　人在对他人进行判断时，是以视觉为中心、多种感觉器官总动员协同工作的结果。"外观、气质"、"表情、视线"、"姿势、动作"（视觉），"声音、说话方式"（听觉）、"气味"（嗅觉）等，上述各种因素综合起来构成了一个人的总体印象。

　　但是，其中没有提到"触觉"。在这里，作为应用篇，我建议大家在谈话的最后加上"握手"这个动作，给对方以触觉上的刺激，将自己的形象更加深刻地印在对方的脑海中。与人初次见面时，如果前面进展顺利，想要进一步深入交往的话，在分别的时候握个手，效果会非常明显。

　　政治家在进行选举时，与选民握手就是为了追求这种心理效果。一般来说，女性主动与男性握手，效果更好；但男性主动与女性握手的话，可能会让对方不自在，所以要特别谨慎。

第二章

讨人喜欢的话
与招人厌恶的话

在彼此之间逐步加深关系的过程中，谈话起着至关重要的作用。本章将从心理学的角度，为您解说谈话的一些技巧，从谈话的基本姿势到受人欢迎的"谈话术"以及提问的技巧等。

昨天，
我出门时把
钥匙反锁在了
房间里……

嗯
嗯

谈话中的基本"礼节"
~ 良好会谈的基础 ~

在进行谈话之前，我们需要有一个基本的姿态，那就是与人交往中的基本"礼节"。尊重对方，郑重其事，称为"礼"；约束自己的行为，称为"节"。不尊重对方的话，在交往中就体现不出礼节来。所谓礼节，就是先向对方传达"对我来说，你是非常重要的人"，然后让对方感觉到"我受到了重视"。特别是人上了年纪之后，就更需要这种"待遇"了。所以，在和年长的人交往时，我们的礼节夸张一点都没关系，所谓"礼多人不怪"嘛。这样一来，对方心里高兴了，自然会对我们产生好感。对于年长的人，很多情况下，只要我们礼数周全，就可以和他们建立良好的关系。

各种礼节中，最基本的就是"寒暄"。**寒暄是建立良好人际关系的基础，也是使谈话能够顺利进行下去的一个"入口"。**人在谈话之前，肯定是先四目相对。这时，以端正的姿势、优美的声音、文雅的语言打一个漂亮的招呼，例如"早上好"、"谢谢"、"您辛苦了"、"请多多关照"等，是人际交往中基础的基础。不会使用礼貌用语进行寒暄的人，即使谈话的内容非常精彩，对方也会认为其中的可信度不高。人是根据印象判断别人的，在这个过程中，"光环效应"会体现出强大的作用。

此外，礼数周全的话，还会在我们心里引起某些变化。当我们真心诚意地向对方打招呼或道谢时，内心会真正对对方产生敬意或感谢之情。反过来，这样会让我们变得更加有礼貌，对于我们人性的成熟也有促进作用。所以，讲礼数并不是"精神论"，它具有重要的心理学意义。

会让我们心里真正产生敬意和谢意。

真的很感谢！

辛苦了！ 您辛苦了！

不要装老！ 唉，累死了……

礼节是谈话的基础，

认真地打招呼，

早上好！

真心诚意地道谢，

谢谢您！

第一次见面，绝对要记住对方的名字
~ 记住对方的名字，而且马上就用 ~

参加派对或者拜访客户时，对于初次见面的人，我们一定要记住对方的名字。如果在第一次相互寒暄、自报家门时，没有听清对方的名字，必须马上问清楚。进入社会之后，我们多了一种便利的工具——名片。然而，令人吃惊的是，很多人在与别人交换名片后，却根本记不住对方的名字。这是因为大多数人会在无意识中认为，即使现在记不住对方的名字，也可以回去后慢慢看名片嘛。于是，我们经常会看到在谈话中，因突然想不起对方的名字而翻出名片看的情况。实际上，这种做法在很多场合都是非常不礼貌的。所以，我们应该集中精神，在对方作自我介绍时，就把他的名字记住。而且，在谈话过程中，要尽量多使用对方的名字，首先可以让对方感觉良好，其次还有助于我们记忆。心理学上已经证实，不断重复更容易记忆。

反过来，我们也要想办法让对方记住自己的名字。如果是初次见面，可以在谈话开始和接近尾声时，分别介绍自己的名字，介绍两次后对方就容易记住了。也可以在谈话过程中不经意间提起自己的名字，或者在最后巧妙地再介绍一遍自己的名字。这样一来，还可以向对方传递一种积极的信息，即想让对方记住自己，也会给对方留下深刻印象。

另外，过了一段时间后，我们常会把不太熟的朋友的脸和名字弄混淆。对于"名字"这个语言信息和"脸"这个视觉信息，我们只进行了简单的结合记忆，所以容易忘记或混淆。在对陌生人的脸进行记忆时，最好使用联想记忆法，比如"他长得好像我的邻居老李"，"看他的脸，就知道他经常加班到深夜"等。这样记忆就不容易忘记了，不信您试试看。

请多多关照，这是我的名片。

嗯?

密克罗尼西亚商贸公司
弗雷德里希·兰子

太难记了!

在互通姓名的时候，一定要记住对方的名字。

我叫猴山。

记住对方的名字，

他叫猴山

可以让对方觉得我们重视他。

他居然记住我的名字了。

猴山······

"会说" 不如 "会听"
～ 每个人都希望自己有听众 ～

在不善于与人交往的人中,很多人不是不会"交往",而是不会"说话"。这些朋友在面对陌生人时,要么不知说什么好,要么说两句就马上没词了。那种沉默的尴尬让他们更加惧怕与人交往了。

其实,我们根本没有必要为谈话而痛苦。因为想要勉强自己说话,才会感到痛苦。**在谈话中,最重要的并不是能言善辩的能力,而是要学会倾听**。在谈话中,与"说"相比,"听"更重要。

为什么这么说呢?

人基本上都有同一种特性,那就是希望别人听自己说话,希望别人理解自己,希望别人能对自己心中的不满、喜悦等感情产生共鸣,而且这种欲求相当强烈。相比之下,想从对方那里听到有趣话题的欲求就弱多了。因此,在人际交往中,最重要的是倾听对方说话,感受对方的感情。

要想制造一场气氛愉快的谈话,最基本的就是先倾听对方讲话,然后对对方的感情产生共鸣。接下来,才是讲述自己的想法、感受或经验。按这个顺序进行,谈话就会非常顺利、轻松,即使出现突然的沉默,也可以通过向对方提问的方式化解尴尬。所以,我们完全没有必要害怕谈话中的沉默。

"我必须得说点什么才行!不说点什么的话,让人觉得我不会说话……"我们完全没有必要把这样的压力强加到自己身上。对话开始,先"听",然后"共鸣",遇到谈话"卡壳"时可以用提问的方式化解。谈话的构造就是如此简单,谁都可以轻松进行。现在,您还害怕与陌生人说话吗?

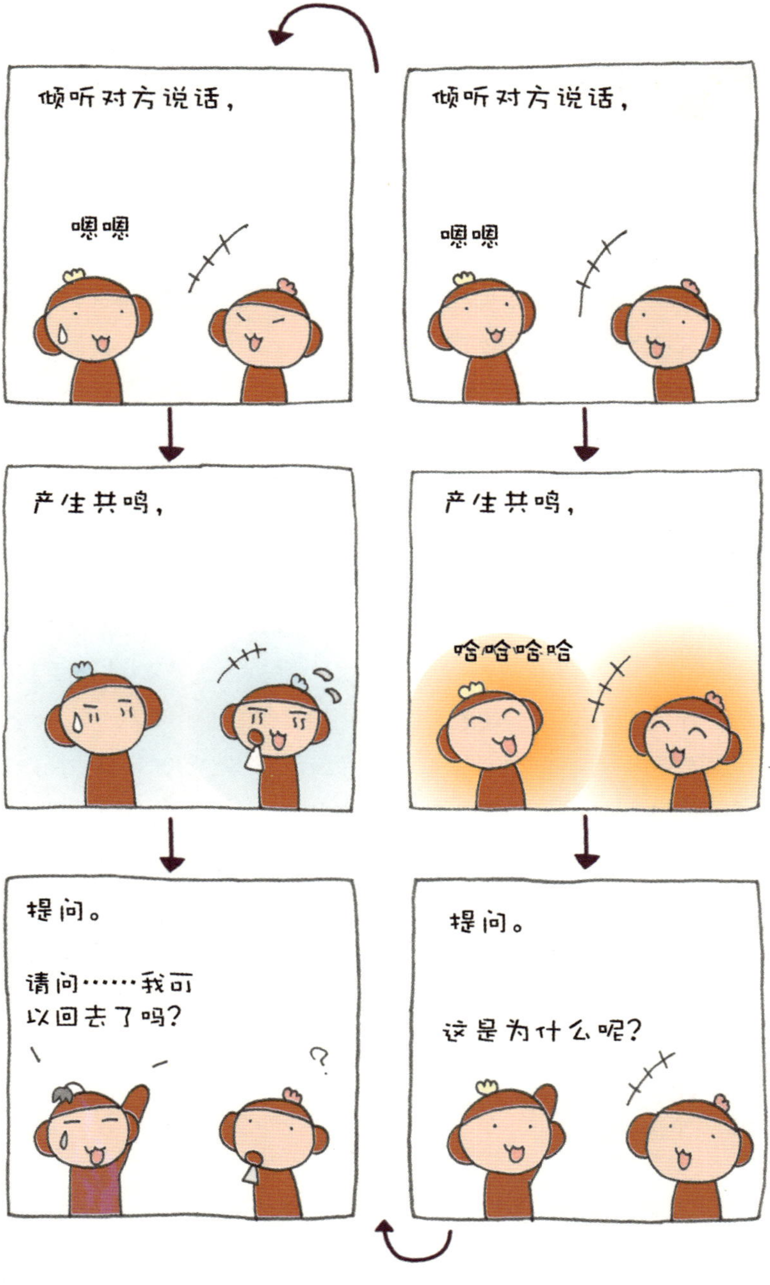
倾听对方说话，
嗯嗯
产生共鸣，
哈哈哈哈
提问。
这是为什么呢？
倾听对方说话，
嗯嗯
产生共鸣，
提问。
请问……我可以回去了吗？
？

听上司讲话，最好做笔记
~ 如何听对方说话 ~

　　前一节讲过，谈话中，倾听很重要，但倾听也是有技巧的。当上司或前辈在给我们指点工作、提出建议时，我们应该拿出笔记本，把他们的话记录下来。当然，谨慎起见，应该先问一句："我可以记下来吗？"因为有些人并不喜欢别人把自己说的话记录在纸上。

　　与记录什么内容相比，做记录这个行为本身更为重要。把对方说的话记录下来，可以向其传达出"您说的话很有价值"的信息，这样可以极大地满足对方的自尊心（认为自己有价值的一种感情）和自豪感。

　　然而，记录时也要用大脑进行分析，过于简单的建议不要记，而且不要一味埋头记录。基本的做法是，看着对方的脸听他说话，适时地点头表示同意，遇到要点时再进行记录。而且，把笔记本一直拿在手里比放在桌子上效果更好。因为把笔记本放在桌子上记录的话，对方就可以看到我们记了些什么，如果记录不得要领的话，反而会让对方很失望。

　　此外，因为我们不知道上司或前辈会在什么时候找我们谈话，所以笔记本和笔最好随身携带。笔记本的用途也很多，所以作为商务人士随身携带笔记本只有好处没有坏处。有时，仅仅因为带着笔记本，就能给人留下好印象。

　　再有，当谈话结束后，一定要向对方表示感谢，"您说的话对我帮助太大了！非常感谢！"以后还要再次表示感谢，"前几天您给我讲的道理，在实际工作中都派上了用场，真是太感谢了！"要想建立良好的人际关系，这种反复的巩固是非常重要的。

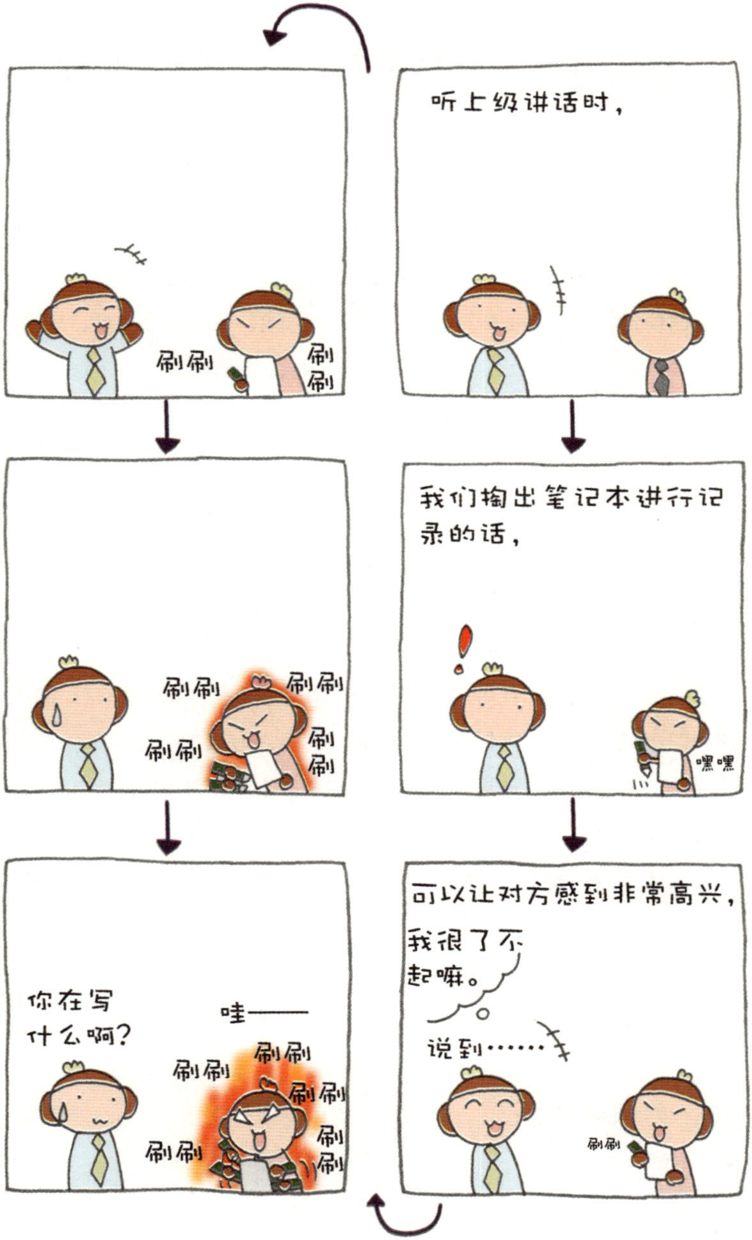

谈话的基本态度是和对方产生"共鸣"
~边"共鸣"边听~

"6点钟在 A 会议室开始","明天大家把印章都带来",像这样,说话具有传达信息、提出请求的作用。另一方面,谈话还有让对方理解自己的感受、对自己的感受产生共鸣的作用。如果不能理解对方"希望寻求共鸣"的心情,那么不管谈了多少,都不能算是一场成功的对话,也不会让对方感觉愉快。通过谈话,只要有一些问题无法沟通、一些观点无法达成共识,就说明彼此之间还没有找到对方话语背后"希望对方产生共鸣"的地方,而只是把谈话当成了一种传递信息的工具。男性朋友更容易出现这样的问题。

仅仅通过语言,无法将一个人所有的心情和感受都表达得淋漓尽致。所以,为了感受到对方语言背后的真实心情,我们还要结合对方的视线、表情、手、脚等的动向进行综合判断,从而读取他的真心。

然而,现代人根据多种信息读取对方真实心情的能力已经大大"退化"了。这是电话、电子邮件等现代化通信工具普及的结果,因为有了这些先进的通信工具,我们只根据很少的信息来判断对方的感受。以前,面对面交谈是主流,不仅通过谈话,我们还会发动身上的各种感觉器官,根据各种信息来读取对方的心情。现在,打电话只能通过声音进行判断;发送电子邮件的话,只能通过文字来判断对方的真实心情。慢慢地,我们便失去了运用各种感官进行综合判断的能力。在序章的同调性测试中,同调性较低的朋友,对此更要引起重视了。

此外,多多积累笑、哭、愤怒、悲痛等的感受,也有助于我们理解别人的心情。现代人很多都在压抑着自己的真实心情,漠然地生活着,而压抑了自己的感情的人,也就无法理解别人的感情。于是,人与人之间变得越来越冷漠。

好的，今天我就向她表白！

谈话，不仅仅是用来传递信息的，

是人啊 ← 是人

以后，每天早晨和我一起喝豆浆，好不好？

还是向对方表达心情、

好孤独……

信息 ← 感情

好啊。 袋装豆浆

引起共鸣的一种手段。

他好可怜……

让对方感到愉快的"共鸣反应"（1）
~ 富于变化的"点头" ~

那么，在谈话中，具体该如何表达自己的共鸣呢？

最简单的做法就是听对方讲话时，**适时地"点头"**。通过适当地点头，第一，可以表明"我正在认真听你说话"；第二，还可以向对方传达赞同的意思，即"我同意你所说的内容"。这个反应的重点并不在"听"，而是"把自己正在听的姿态展示给对方"。

人的听觉是非常灵敏的，可以从众多杂音中甄别出自己想听的声音来听。心理学上称这种现象为"鸡尾酒会效应"。所以，即使人不用摆出真心听的姿态，也可以听对方说话。但是，这样会引起对方的不快。所以，只听，还是不够的。

另外，只是点头也不行，应该**尽量看着对方的眼睛点头**。而且，为了表示我们的情绪在随着对方的谈话而起伏，点头的幅度也要有大有小。

如果是普通的谈话，那么可以在适当的间隔后，轻轻地点头。如果对方是长辈，我们在点头的同时还要加上一句："是！"如果面对的是同事、朋友、后辈，那点头时用鼻子"嗯"一声就可以了。如果多人一起谈话时，当发言人的视线落在自己身上时，一定要向其点头表示赞同。当对方讲到核心的部分时，我们可以小幅度地连续点头，并"嗯嗯"地表示赞同，也可以慢慢地来个深度点头，并长长地发一声"嗯"。即使我们听不出哪里才是核心部分，也可以根据对方的脸部表情捕捉对方需要我们点头的时机。把上面这些技巧都应用起来的话，对方一定会被我们的认真态度所感动。

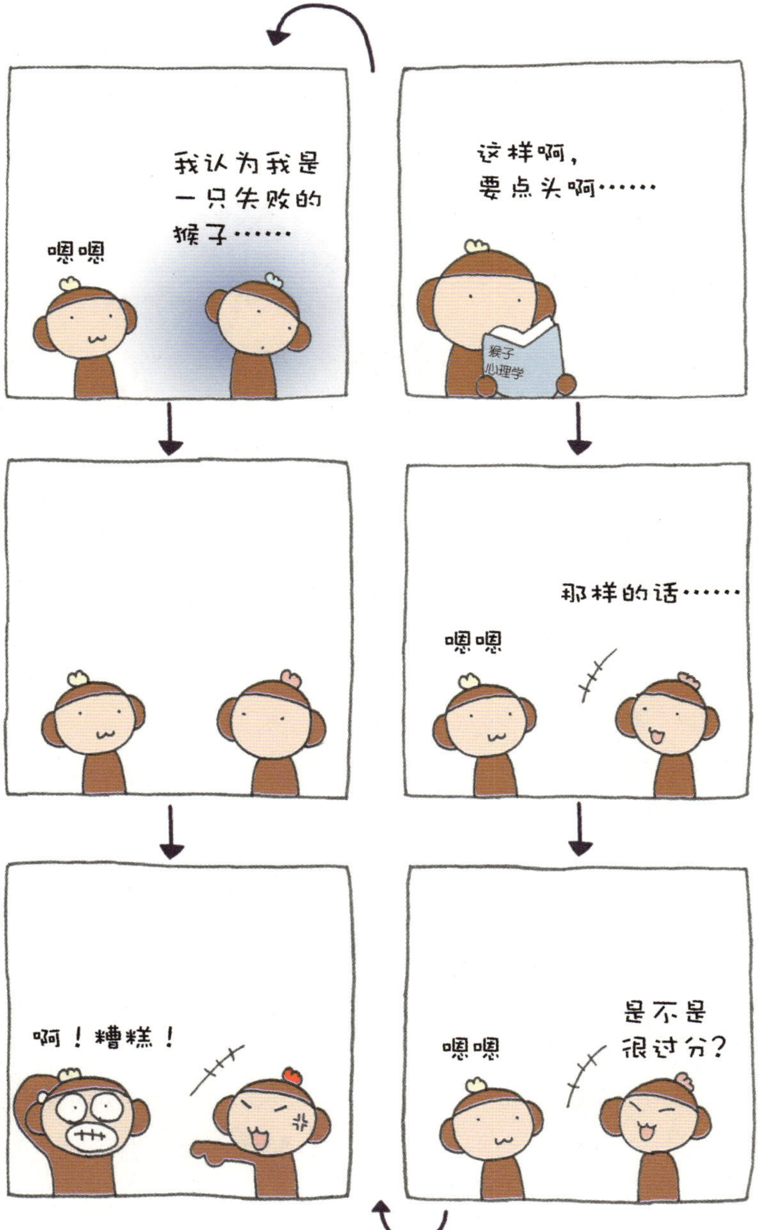
这样啊，
要点头啊……
猴子心理学
那样的话……
嗯嗯
是不是
很过分？
嗯嗯
我认为我是
一只失败的
猴子……
嗯嗯
啊！糟糕！

让对方感到愉快的 "共鸣反应"（2）
~ 大声 "笑" 出来 ~

在第一章中已经向大家介绍过，初次见面时，"笑容"对于塑造良好的第一印象非常重要。在谈话过程中，我们不断展露"笑颜"，同样具有提升自身形象的作用。所以，当对方讲到有趣之处（或者推测对方感觉很有趣）时，我们应该认真地露出"笑容"。通过笑，我们可以对对方的快乐产生共鸣，也能满足对方想让我们笑、让我们开心的欲求。我们满足了对方，对方就会感觉心情舒畅，而对于满足他们的人，自然会产生好印象。

请您回想一下，以前您在和别人聊天时，如果对方总是被您的话逗笑，您是不是也感觉很开心呢？"笑容"是一种好意的表现，既可以是说者取悦听者的行为，也可以是听者取悦说者的行为。

顺便说一句，"笑容"和"笑"看似一样，但其实语义上存在微妙的差别。笑容，是一种为了与人交流而主动作出的自我表现；但笑却是被动的个人感情的自我表现。听到有意思的事情，不知不觉地脸上绽放出来的笑颜，就是笑。

因此，想要表现出自己的心被感动了，**就要认真地、主动地展露出"笑容"，这就是让对方感觉舒畅的"共鸣反应"**。有时，虽然我们想用笑脸取悦对方，但做出的表情却是皮笑肉不笑，那样反而会起到反作用。再有，如果只笑不出声的话，也容易被人误认为是扭捏、做作的笑。所以，笑的时候，一定要"哈哈哈哈"地笑出声来。试一下您就会发现，大声的笑，能让自己的心情真的好起来。人在大笑时，大脑内会分泌一种叫做"血清素"的物质，能够为我们制造出幸福感。血清素还能抑制郁闷的情绪，让人愉悦起来。

89

让对方感到愉快的"共鸣反应"（3）
～ 大胆表现出"吃惊"和"感动"～

还有一种能让对方感到愉快的"共鸣反应"，那就是表现出"吃惊"。在公司中，上司或前辈经常会说一些自我陶醉、自我标榜甚至自我吹嘘的大话。对此，很多人容易流露出鄙夷的神情，心想："怎么可能？！"然而，这样做对我们没有任何好处。倒不如顺着对方的话锋，表现出吃惊的神情，说一句"真厉害"或"真的吗"，这样能让对方获得极大的满足感。对于别人充满自豪的讲述，我们要大声地表达出自己的惊讶，说"你太了不起了"或者自言自语地说"太佩服他了"，这样能让对方非常高兴。如果说话时眼睛中闪现出敬佩的目光，效果就更好了。一定能提升对方对您的好感度。

人都有一种心理倾向，当自己所说的话对别人造成强烈影响时，会感到非常高兴。利用这一心理倾向，我们可以表现出被对方的话震撼到的样子，这样一定会让对方开心。

我们可以重复对方所说的话，怀着感动的心情说，效果更佳。

谈话最后再礼貌性地添上一句"您讲的太有趣了，有机会的话我还想再听您讲"，"您太了不起了！太让我吃惊了"，"您总是那么幽默"等，一定能让对方对我们印象深刻。

此外，**根据一起谈话的人数，我们要适当控制自己吃惊、感动等感情的程度**。如果在众人面前，只有自己的反应很强烈，那就把自己凸显出来了，容易被人认为是哗众取宠、阿谀奉承，甚至遭到孤立。所以，我们应该根据众人的反应，适当调整自己反应的程度。

让对方感到愉快的 "共鸣反应"（4）
~ 共鸣语言的使用方法 ~

怎么样？相信您已经了解 "点头"、"笑容"、"吃惊"、"感动" 这些共鸣反应的魔力。而且，运用起来也非常简单。只要考虑对方的心情，作出对方想要得到的反应即可。应用这一基本原理，我们还可以衍生出 "哭泣"、"生气" 等共鸣反应。接下来，我想问您一个问题。

如果您有一位同事上班迟到了，然后向您诉苦说："今天我迟到了，经理非常生气地批评了我。" 听到这话，您会如何作答呢？

一般情况下，我们会直话直说："你应该早点起床嘛" 或者 "怎么回事？地铁晚点了？" 这是我们心里所想的建议和对事情原因的猜测。面对同事，我们多会直言不讳地讲出来。当然，这样做并没有错。而且，说不定还能够帮助同事有所提高呢。然而，对方既然向我们诉说 "惹上司生气" 这样的郁闷状况，其实就是希望我们能理解他们的心情，对其产生共鸣。所以，在这种情况下，我们应该思考一下对方向我们诉说的心理背景，然后用表示理解的态度说 "科长也有点太严厉了"，"你别难过了" 等。这样可以安慰对方的心情，表达出我们的共鸣感。

这其实是一项思考训练，只要我们有意识地使用，即使刚开始做不好，慢慢地也会在谈话中开拓我们的选择空间，意见建议也好、共鸣语言也好，到时候我们就会根据具体情况进行选择了。但是，刚开始时不必追求完美，要保持轻松的心情一点点地接受挑战！

今天
钱包丢了……

嗯?

里面装着
不少钱呢……

是吗?
是吗?

喂!你……

嘿!
我马上
去捡!

我们不能仅仅根据语言
作出判断,

又失败了!

唉!

还要了解语言背后所隐
藏的感情,

你没事吧?

希望得到安慰

产生共鸣之后,人与人
之间的交流就会变得非
常容易。

谢谢!

当谈话陷入僵局时，如何"提问"？（1）
~ 用提问打破沉默 ~

对于不善言谈的朋友来说，谈话中的沉默简直令人窒息。遇到这种情况，他们的头脑中就只剩下一个想法了，那就是："我必须得说点什么！我必须得说点什么！"实际上，谈话中即使陷入沉默也没什么可怕的。对于不善言谈或初入社会的朋友来说，当谈话陷入僵局时，可以通过向对方提出问题来扩展话题，让谈话继续。另外，提问还具有很大的心理学好处。向对方提问的这个行为，等于向对方发出一个信号："我对你感兴趣。"因此，只要不提过于奇怪的问题，一般都能赢得对方的好感。这个心理效果是很容易实现的，我们何乐而不为呢？

在提问时，虽说想到什么问什么就可以，但如果不小心问出奇怪的问题，可就起反作用了。所以，为了构筑更加良好的人际关系，我有一个提议，我们要事先了解一些提问的基本方法。

对刚才谈论的话题进行深入挖掘

有时，一个话题聊到中途突然就聊不下去了，由此陷入了沉默。但是，在这种情况下，突然转变话题似乎又有点失礼。所以，我们不能盲目地转变话题。沉默时，虽然暂时无话可说，但并不等于这个话题已经讨论终结了，可能还有没说到的地方。在谈话过程中，我们要记住对方所说的要点，当遇到僵局时，可以对这个话题进行深入挖掘，找到继续聊下去的方向。下面我们举个例子，假设您和朋友正在聊六本木、麻布一带的美味日式餐厅和料理。

· 对餐厅的店名进行再次确认，询问餐厅的具体地址

→（陷入僵局后，您说的话）"既然您说好吃，有机会我一定要去尝尝。"

→（对方的感情）自己所说的话，竟然打动了对方，他还要去亲自尝一尝。他能相信我的话，真好！也说明我的话是有价值的。

※ 这是初步的提问，主要表达自己对对方所说的话感兴趣。

·询问餐厅中的特色料理

→（陷入僵局后，您说的话）"除了餐厅推荐的料理之外，您可以给我介绍点特色菜吗？"

→（对方的感情）前面还没来得及说，现在有机会介绍我喜欢的菜，真是太好了。

※ 听对方介绍料理的时候，不要忘记时时作出共鸣反应，如"啊！您了解得真多"，"我都流口水了"。

·询问餐厅或料理的背景知识

→（陷入僵局后，您说的话）"说到食材 × × ×，现在刚好是季节。时令食材，必须当季吃，否则过了季节就不好吃了。请问您，那家餐厅最近推出的时令菜肴还有哪些呢？"

→（对方的感情）竟然问我这么有内涵的问题，很看得起我啊！讲这些刚好也是我的强项。

※ 这是向对方提出的知识性比较强的问题。通过这个提问，话题不仅仅会停留在时令食材，很可能自然而然地扩展到料理技巧、厨师水平等更广的话题。但要注意一点，如果对方不能回答或不愿回答，我们也不要去追问。

当然，上面关于餐厅、料理的询问方式只是抛砖引玉，在其他谈话话题中，您也可以应用其中的原理。重点就是，问自己想问的，同时也是对方乐于回答的问题。而且，在谈话的过程中，要用心记下以后可以用来提问的要点，留着出现僵局的时候向对方提问。

当谈话陷入僵局时，如何"提问"？（2）
～与谈话内容相关的询问／与对方相关的询问～

【与谈话内容相关的询问】
🤝 询问具体例子

在谈话过程中，当对方讲到一些抽象概念、专业观点时，我们不妨请他们举一些具体的例子。我们可以问"能举几个具体的例子吗"，"能详细给我讲讲吗"等。这样一来，我们既可以更加形象、生动地理解对方所讲的话，也可以进一步扩展话题。不过，如果时机不对或者询问方式不当的话，可能会很失礼。所以，我们在询问具体例子之前要先观察对方的态度，然后谨慎地提出问题。

🤝 换一种说法

还有一种提问方法，就是将对方说过的话换一种说法再向他提出来，这是一种能让对方在无意识中感到愉快的提问方式，虽然听起来不太像提问。例如，"也就是说……"这是用自己的语言将对方说的话再复述一遍，我们还可以自己举几个例子。如此一来，我们可以向对方传达出"你所说的话，我已经理解了"的信息。善于使用提问的方法与人交往的人，有时即使心里明白，也会故意换一种说法提出问题。

【与对方相关的询问】
🤝 做什么工作的？

一般提问需要根据场合、场所适当选择，但大多数情况下，跟工作有关的询问，可以扩展出很多话题。

有调查结果显示，人的自信心和所从事的工作存在正比关系。如果对方看起来充满了自信，那我们就可以向他提出有关工作的问题。关于工作的问题，他们一定乐于回答，因为那可能是令他们自豪的事情。之后，他们可能会滔滔不绝地跟我们讲个不停，从工作内容、行业新闻到未来展望等。到时，我们就不怕谈话会陷入僵局了。

💝 周末都做些什么？

询问对方周末都做什么，可以了解对方的兴趣爱好、特长等。提问的方向有两个。第一，询问对方的兴趣爱好、特长等。对于对方的回答，我们要作出欣赏、赞赏的反应，然后结合自己想问的问题继续深入挖掘，而对方肯定也乐于回答这些问题。第二，找到对方与自己的共同爱好、特长等。找到了共同点后，两个人之间的距离会一下子被拉近，之后谈话也会变得更轻松，更容易展开。不过，需要注意一点，找到有共同点的"知音"之后，我们自己容易滔滔不绝地说个不停，这样可不行，因为谈话中要突出对方。

💝最近有什么有趣的事情吗？

和对方谈了一段时间，彼此了解之后，就可以问"最近有什么有趣的事情"这样的问题了。说到有趣的事情，不管是说的一方还是听的一方，都会感到愉悦。当对方说出有趣的事情后，谈话气氛会变得非常轻松，于是话题也会越聊越多。为了防止对方想不到有趣的事情，我们自己也要准备一些有趣的话题，以备不时之需。

最近有什么有趣的事情吗？

香蕉降价了！

当谈话陷入僵局时，如何"提问"？（3）
~ 与对方相关的询问 / 一般询问 ~

【 与对方相关的询问 】

🤝 询问故乡

故乡、老家、出生地，是一个能让谈话活跃起来的话题。如果对方是自己的同乡，或者出生地距离不远的话，能一下子拉近彼此的距离。即使两个人的故乡离得很远，但如果我们去过对方故乡的话，可以对那里"大加赞美"。没有人不喜欢别人赞美自己的家乡，对于赞美自己家乡的人，我们都会认为他是一个"好人"。

🤝关于家人

询问对方有关家人的问题，需要十分小心。如果和对方比较熟悉，对于他的家庭情况，可以适当询问一下。如果对方家里有小孩子，可以问一问孩子的情况。这种关心一般会让对方感到高兴。但是，只询问家人的日常状况即可，不要问得太深入。

反过来，如果不了解对方的家庭状况，最好不要贸然询问有关家人的问题，因为现在很多家庭都有这样或那样的问题不想被别人问起。

【 一般询问 】

🤝 对刚才谈到的书籍、电影进行提问

如果在前面的谈话中，对方谈到了自己喜欢的书籍或电影，那么我们可以通过询问关于上述书籍或电影的问题来扩展话题。我们可以作出一副向对方请教的姿态。另外，了解了对方对书籍、电影的喜好之后，还能大体分析出他的性格倾向，这对于以后的交往也是很有帮助的。再有，如果

对方没说出自己这方面的兴趣爱好，我们就得先抛砖引玉了。所以，平时多准备一些这方面的话题还是很有必要的。

💞 有关健康的话题

　　人上了年纪之后，就会对健康非常关心。所以，如果谈话的对方上了一些年纪，我们就可以向他们询问一些有关保健方法、保健产品方面的问题。现实中，对健康话题感兴趣的人非常多。我们抱着请教的态度，一定能让对方乐于回答我们的问题。

使用积极的语言与人交流
~ 积极向上的态度更受人欢迎 ~

寒冬腊月时，早晨谁也不想离开温暖的被窝，但又不得不起床上班。到了公司遇到上司时，第一句话该说什么呢？

"哎呀！这天气真是太冷了！"

"这么冷的早晨，真是不想起床啊。"

这样寒暄，当然没什么错。本来，聊天就没有正确与错误之分。感受到对方的感受，寻找共鸣之处，这便是谈话的基本。

不过，请大家看一下我的这种说法如何。"外面真冷，来到公司就暖和多了。公司有种让人安心的力量。"怎么样？换成这种积极的表达方式，感觉如何？

只要我们注意使用积极向上的表达方式，我们自己的情绪也会自然而然地变得积极起来。此外，**当别人在听到我们积极向上的话语后，情绪也会积极起来，也会对我们报以同样积极的态度**。所以，在和别人交往时，我们应该尽量表现出积极向上的态度。这样一来，对方也会作出同样积极的反应。我们平时就要训练自己积极思考的能力，不要总想着"不可能"，而应该想"没准能行"。

当然，当天降大雪、交通堵塞，大家都郁闷得不行的时候，我们也不能不识时务地独自一人赞美雪景的迷人，必须读懂当时的氛围。不是在所有的时候都保持积极的态度，而是要根据情况，适当地用积极向上的心态给周围的人带来快乐。

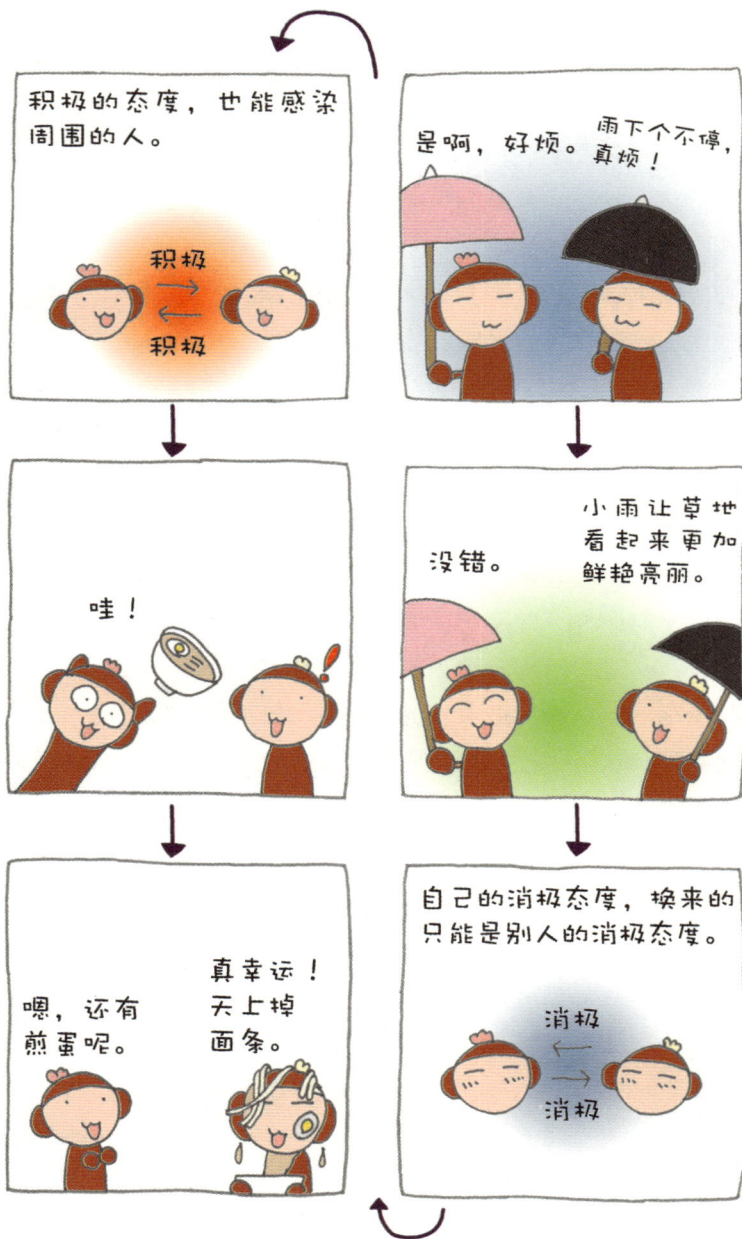

积极的态度，也能感染周围的人。

积极
积极

哇！

嗯，还有煎蛋呢。

真幸运！天上掉面条。

是啊，好烦。雨下个不停，真烦！

小雨让草地看起来更加鲜艳亮丽。

没错。

自己的消极态度，换来的只能是别人的消极态度。

消极
消极

谈话中适当自嘲，加深别人对自己的印象
~ 让别人开心的谈话之术 ~

有很多朋友，在谈话中都想给别人留下好印象，但怎么也做不好。实际上，按照我前面所讲的，在谈话中先听，然后产生共鸣，陷入僵局时可以通过提问的方式扩展话题，基本上就可以正常地与人交谈了。反复练习多次之后，我们就能建立起自信，慢慢地在谈话中也能自如开口讲话了。最初不必勉强自己说很多话，挑自己喜欢的说就可以了，关键是放松心情。

在谈话中确立了自信之后，就更容易找到话题，头脑中储存话题的"抽屉"也会一直开放自如。

这个基础打牢之后，我们就可以进入下一步了，即学习让别人开心的谈话之术。其实，方法也很简单。从自己平时积累的各种知识、话题当中，挑选那些**"有趣的信息"**、**"有用的信息"**提供给对方即可。如果是对方感兴趣的话题，他一定会乐于倾听的。

良好沟通的一个关键问题，还是我们所说的内容。在谈话过程中，我们可能会谈到自己做过的事情、去过的地方。如果对方也做过同样的事情或者去过同一个地方，那么彼此之间的距离感就会一下子缩小很多，并且容易产生好印象。然而，有时人聊得兴起时，容易忽略对方的感受，开始自顾自地吹嘘起来。当意识到这种情况时，我们要及时打住，在结尾处用**自嘲的方式**给自己找个台阶，同时也能给对方留下深刻的印象。

举个例子，假设两个人正在聊出国旅行的话题，而我曾经去过南太平洋的某个小岛国。在聊天的过程中，我不应该只是简单地陈述"我去过南太平洋某个小岛国"这样一个事实，而应该讲一些有趣的见闻。比如，"我曾经去过南太平洋某个小岛国，在当地我买了一个据说是出自雕刻名家之手的木雕，价格不菲，但心里非常高兴，以为淘到宝了。可没想到，准备

回国时，在机场的土特产商店里见到了一模一样的木雕，单价只是我买的一半。唉，这才明白上当了。那根本不是什么名家的作品，只是量产的旅游商品而已，哈哈……"最后，再加一句"我真够傻的"，效果就更好了。自嘲的说话方式不仅会给人留下深刻的印象，还会让人感受到您的幽默。当然，也可能有朋友认为这样是不是有点"自虐"，其实并非如此。自己说的话能够让对方开心，这本身就是一种珍视对方、也珍视自己的幽默方式，也是一种可以使双方得到精神平衡的谈话方式。

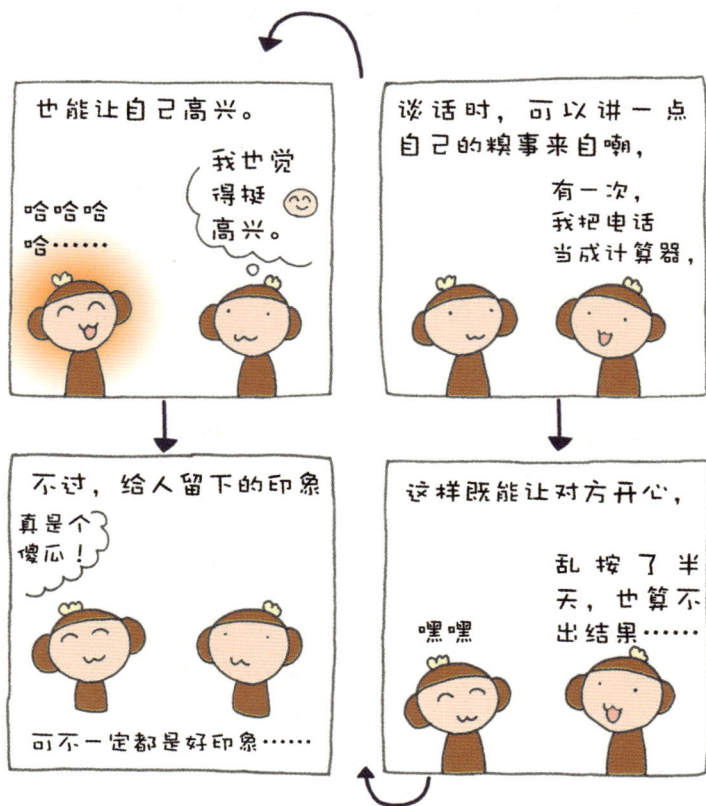

这样的说话方式会招人讨厌的
~ 不受欢迎的说话方式（1）~

前面介绍了怎样说话能给人留下好印象。接下来，我还要为您讲解不受欢迎的几种说话方式，朋友们可以将其当做反面教材进行参考。如果有以下说话习惯的朋友，那就需要赶快纠正了，因为这样的说话方式，一定会让周围的人都讨厌你。

1. 在别人说话的时候不专心听，只顾思考自己的问题

有很多人喜欢读一些关于谈话、演讲技巧之类的书籍，这一点无可厚非，但其中不少人都是死读书、纸上谈兵。虽然学会了一些技巧，但并不会灵活地将其应用于实践中。比如，有些人会在对方谈话时，思考"接下来我该问什么样的问题呢"或"我说什么能让他高兴呢"。结果，要么漏掉了对方所说的核心部分，要么没听见对方提出的问题，让对方觉得我们很无礼。所以，在对方讲话时，最基本的就是认真听，还要向对方传递"我在认真听"的信号。

2. 开口总是"我……"、"我……"，以自我为中心的人

不论是两个人面对面地谈话还是众人一起聊天时，有的人开口总是"我……"、"我……"地不停发表自己的意见或讲述自己的事情。还有的人，听到别人说的话之后，马上就会站出来和其进行对比，所有事情都想占据上风。这是希望受人关注、受人赞赏心理的一种体现，但如果这种心理倾向太强的话，就会变成以自我为中心、忽视他人感受的人。非常遗憾的是，这种人不管说什么，都不会受人欢迎。因为谈话的基本精神应该是：对方是主人公，我说的话只是陪衬。

俺……

俺叫资本猴，是猴子中最有钱的资本家。

别人说话，不要随便插嘴！

哼！

所以，不管干什么，俺都要当主角。

喵一

啊哈哈哈，请随便插嘴，请随便插。

俺……

105

这样的说话方式会招人讨厌的
~ 不受欢迎的说话方式（2）~

3. 不要突然询问隐私性问题

当谈话陷入僵局时，提问是一个扩展话题、将谈话继续的好方法。不过，突然提出一些涉及隐私的问题，是非常不可取的。虽然有时您感觉自己和对方比较熟悉，问问隐私问题也没什么大不了的，但突然问对方有没有恋人、家住哪里等问题，多半还是会招致别人反感的。刚开始交往时，人都会对这种问题怀有抵触心理，当被问到隐私问题时，心里自然会立起一道看不见的墙。

4. 与"倾听"相比，有的人更愿意给出"解决方案"

这是男性朋友容易犯的一个错误。男性在谈话中如果听到对方有问题，大多想给人家提出一些意见、建议，或者解决问题的方案。实际上，女性在和男性谈话时，抱怨一些问题的目的大多不是为了寻求解决方案。相反，只是想诉说心声，希望得到对方的理解。所以，只要对方没有明确要求我们提出一些解决方案，我们还是不要自作聪明的好。我们要做的只是倾听和理解对方的心情就好。

5. 不要打断别人说话

有些人非常聪明，不等对方把话说完，便可以预知到结论。结果，这类人往往容易打破谈话的节奏，在对方说完之前，就把自己的想法说出来。这种做法是极其不可取的。人在谈话时，不仅是想表达自己的想法，也是在整理自己的思绪。如果中途被打断，就会感觉很不舒服。说话被打断时，还容易误解为对方对自己不敢兴趣，或者自己说的话很无聊。

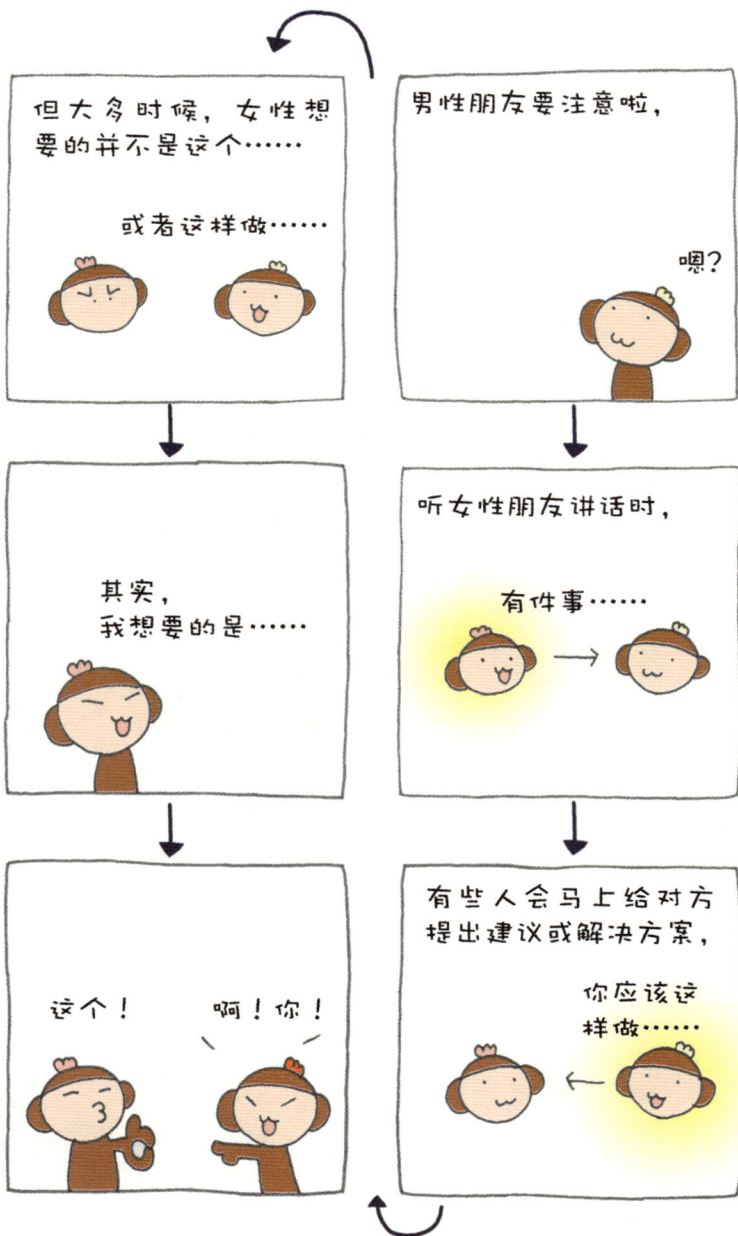

但大多时候，女性想要的并不是这个……

或者这样做……

男性朋友要注意啦，

嗯？

其实，
我想要的是……

听女性朋友讲话时，

有件事……

这个！

啊！你！

有些人会马上给对方提出建议或解决方案，

你应该这样做……

第三章

加深关系的
心理学要素

两个人有了第一次的相会之后，就可能要展开长时间的交往了。随着交往时间的增加，彼此之间的印象会有所改变，关系也可能加深或变得疏远。那么，如何才能加深彼此之间的关系，进一步提升自己在对方心目中的形象呢？在这一章中，我将从心理学和脑科学的角度出发，为朋友们介绍加深关系的各种技巧。

嗯！　　啊！

"第二印象"也不能失败
~ 深入交往中提升自身形象的技巧 ~

　　第一章中，我给大家介绍过，在"开头效应"这个心理效应的作用下，第一印象是极其重要的。那么，给人留下的第一印象很失败，在以后的交往中即使制造出好的印象，也无法改善人际关系了吗？

　　答案当然是否定的。

　　初次见面，就能给对方留下良好的第一印象，那当然再好不过了。可是，并不是所有人都能这么幸运，失败是常有的事情。不过，对于已经形成的失败的第一印象，还是有办法挽回的。第一印象形成之后，在以后的交往中还存在"第二印象"。如果能把握好"第二印象"这个机会，就能最大限度地弱化"开头效应"的影响，重新给人留下良好的印象，建立起良好的人际关系。这样的过程在恋爱中是非常常见的，比如一对男女最初以一种不愉快的方式相识，彼此相互讨厌，但在交往过程中由于某个事件让彼此产生好感，最终走向婚姻殿堂的例子也不在少数。

　　第一印象主要是以"外表"为中心，但第二印象主要受内涵的影响。通过谈话或行为，我们可以了解一个人有什么样的性格、有什么样的文化底蕴、有什么样的兴趣爱好等，而这些便形成了"第二印象"。如果再加上点意外性的话，效果会更佳。

　　当然，在日后的交往中，构成第一印象的要素——"外表"、"视线"、"说话方式"等外在因素会继续起作用，所以我们永远也不能忽视自己的外表等外在因素。除此之外，良好的第二印象，也有助于加深彼此之间的关系。在本章中，将以第二印象为重点，为您介绍加深人际关系的一些技巧。

没准是个大好人。

即使第一印象失败了，

不怎么样啊。

神啊！

嗯？

吃香蕉吗？

还有机会通过第二印象挽回颜面。
嗯？
今天还不错。

3天后……

加上点意外效果就更好了。
他还会微笑。

"赞美"对方是基本功
~ 对于赞美自己的人，我们都会怀有好意 ~

想要与对方加深关系的话，"赞美"对方是一个非常有效的方法。我想，任何人受到别人的赞美之后，心情都会非常愉快，而对于让自己愉快的人，我们都会抱有好感。不仅如此，我们还会一相情愿地认为"他很理解我嘛"，并认定对方是个善解人意的人。所以，如果想进一步加深人际关系、想让对方对自己产生好感的话，就尽量去赞美对方吧。

不过，赞美别人，也要把握时机，有些时机可以让您的赞美更加有效。而没头没脑地一味赞美，并不可取。

那么，我们应该在什么时候赞美别人呢？

第一次见面，不宜马上赞美对方。刚一见面就对对方大加赞美，容易被对方误认为"他只是客气客气而已"。有时，我们甚至会被误解为"喜欢阿谀奉承的人"，从而起到反作用。因此，**真正的赞美最好从第二次见面后开始**。那个时候的赞美，可以向对方传递"我理解你，你在这个方面非常优秀"的信息，从而使我们发言的可信度大大提高。如果实在想在第一次见面就赞美对方的话，也应该尽量放在后面。

另外，在谈话进行得非常顺利且对方心情很好的情况下，我们也可以毫无顾虑地进行赞美。因为，当人心情很好的时候，对于任何事情都容易看到好的一面。

再有，"赞美"是一种发掘对方身上优点的行为。所以，对于发出赞美的一方来说，也是有好处的，可以磨炼自己从新的角度和视点看待人和事物。总而言之，赞美别人，最终还是为了自己。

想要加深彼此之间的关系，

经理你太了不起了！

真是太厉害了！

可以赞美对方。

你真帅！

您的嗓门真是太大了！ 开除！

他人不错。

有效的 "赞美" 技巧
~ 取悦对方的赞美技巧（1）~

有些朋友不太善于赞美别人。理由可能有很多种，但其中最主要的可能是担心赞美别人会被误认为是"阿谀奉承"，以致不愿意说赞美人的话。另外，还有的朋友觉得赞美别人会被误认为是"对别人怀有好感"，因此羞于赞美他人。

然而，赞美他人这种行为，不论是对他人还是对自己，都有很多好处。所以，不要想太多，大胆地去赞美别人吧！

还有很多朋友虽然想去赞美别人，但又不知该如何赞美。接下来，我就为您介绍一些赞美别人的技巧，都是非常有效的，您不妨参考一下。

👋 着眼细节，具体地赞美

想要赞美别人，首先必须确定赞美对方的哪一点。赞美别人时，与笼统地、宏观地赞美相比，不如抓住具体的细节赞美来得更加有效。例如，在表扬部下所写的材料时，不要说"这个材料做得好"，而应该具体地表扬："这个材料的结构很完整，视角也很独特。"相比之下，肯定是后者的表扬效果更好，更能激发部下的工作热情。因为这样能让部下感觉到，上司有认真审阅自己写的材料。

再比如，有的人想赞美对方的衣着，但由于对衣着时尚不是很了解，所以总是笼统地赞美一句："你真会穿衣服。"但实际上，对于对方的衣着，完全可以根据自己的视点和审美进行赞美，比如"您的领带和衬衫很搭配"，"您的胸针有画龙点睛之妙"等。赞美别人衣着时，本来就没有正确与不正确之分，所以请抛开顾虑大胆赞美吧。

有效的"赞美"技巧
~ 取悦对方的赞美技巧（2）~

赞美对方在意或不自信的地方

对于公司的上司、同事或者客户，打过几次交道之后，我们就可以通过观察他们的行为、举止、言谈，分析出他们在意或不自信的地方。每个人都会在意某些事情，或者对自己身上的某些方面感到不自信甚至自卑。当发现对方身上的这些问题时，我们可以通过改变视角的方式，帮助他们从另一个角度看待自身的问题。

一个缺点，没准换一个角度看就变成了优点，而这也是一种赞美人的方法。例如，发现对方"没有什么主见，不能提出自己的主张"，我们可以说："您能体谅别人的感受，总是尊重别人的想法，真是太体贴了。"如果发现对方对自己"偏胖的体形"感到自卑的话，我们可以换个角度看待体形，安慰他说："您的体形能给人带来安全感。"如果实在找不到太好的赞美之词，也可以简单地以一句"没那回事"来否定对方感到自卑的地方。需要注意一点，如果对方是异性，特别是男性对女性使用这种赞美方法时，注意不要使用太过直接的语言。

被对方谦虚地否定后，一定要继续赞美

当我们赞美、表扬别人时，经常会被对方谦虚地否定掉。例如，"桥本君，您穿衣服总是很有品位嘛"。结果，对方马上否定说："哪里哪里，没那回事。"很多时候，赞美就会到此结束，转入其他话题。但如果那样的话，前面的赞美就真的变成了单纯的"社交辞令"，那就太可惜了。此时，我们不应该放弃，应该继续赞美："谁说的！您真的很有品位。您选的衣服不管颜色还是设计都很完美，我看您穿的衣服都能感觉到一股精气神。"这样的话，我们的赞美之词就更具真实感，也更能让对方高兴。所以，用赞美之词"紧追不放"才是关键。

还有个赞美"初学者"。

好嘞，
我也试试……

有一位善于赞美他人的高手。

我最近有点发福……

您这是肥满……

他会对别人感到自卑的地方进行反向赞美。

您这是丰满。

似乎用词不当……

很性感的……

是吗？

很性感的。

有效的"赞美"技巧
~ 取悦对方的赞美技巧（3）~

👋 缺点也可以拿来赞美

有些人，我们在他们身上"实在找不出值得赞美的地方"。对于这样的人，我们基本上可以选择不去和他们交往。但有的时候，我们没有选择的余地。比如，自己的上司是这样的人。遇到这样的上司，我们姑且对他们的缺点也进行赞美吧。如果上司是一个对部下乱发脾气、严格得有点苛刻的人，我们可以这样赞美他："您很严格，对部下的成长很有帮助。"如果上司是一个懒散、不太关心工作，只关心其他事情的人，我们可以赞美他："您多方面搜集信息的能力真强啊！"如果部下或后辈中有这样的人，那我们可以对他们身上潜藏的、未知的可能性加以赞赏。总之，我们应该稍微改变一下角度，努力寻找别人身上的闪光点。而那样的人，以前肯定也很少受到别人的赞美，一旦听到我们赞美的话，绝对会心花怒放、乐不可支。

👋 通过中间人转达赞美之词

还有一种赞美人的方法，赞美之词并不直接对赞美对象说，而是向一个亲近的人赞美那个人，例如"我觉得，某君在某个方面非常优秀"。大多数情况下，这个亲近的朋友都会把我们的赞美之词传达到赞美对象的耳朵里。而且，这种通过中间人转达的赞美之词，比面对面直接赞美的效果要好上好几倍，赞美对象对您的好感度也会增加好几倍。通过中间人进行转达，在赞美对象看来，我们赞美之词的可信度会大大提高，因此也会收到非常好的效果。向中间人赞美别人时，如果再加上一句"千万别告诉他呀"，效果就更好了。基本上，您的赞美之词大多数情况下都会传入赞美对象的耳朵里。另外，需要注意的一点是，在背后说别人的坏话是绝对不可取的。因为这同样会传到那个人的耳朵里，会对人际关系造成致命的破坏。即使是开玩笑时，也不能说第三者的坏话。

有种通过中间人
赞美第三者的方法。
中间人
A君
您
利用中间人与赞美对象
和自己的双重亲密关系。
他说你
很帅。
A君
真帅！
加上一句“不要告诉
他”，效果更佳。
他还不
让我告
诉你。
“不要
告诉
他呀。”
嗯？
真没
告诉他。
A君
中间人
还是没说。
看来，在社会中遵守诺言
并不是所有的时候都是
美德。

常用的"赞美之词"/外表
~赞美别人时该用什么词?（1）~

平时不太善于赞美别人的人，想要赞美别人时，总感觉找不到合适的赞美之词。如果赞美方式过于单调的话，效果也会很微弱。所以，赞美别人的用词也要富于变化。下面，就为您介绍一些常用的"赞美之词"。在您积累更多的"好词"之前，下面这些词可以临时应急。

【外表】
1. "漂亮"

"漂亮"是男性赞美女性时的常用词。由于使用过多，在大多数人眼里，"漂亮"这个词几乎已经沦为社交辞令，其效果也变弱了。然而，大多数女性都有这样一种心理倾向，即使知道"漂亮"是社交辞令，但听到别人赞美自己"漂亮"时，心里还是会非常开心。这种心理倾向，我们不可忽视，要善于利用。具体的赞美方法，比如"好漂亮的眼睛"、"您的脸形真漂亮"等。

不过，由于女性对外表都十分在意，赞美不当的话会导致不良后果。所以，在公司中（尤其是上司对部下），还是少用"漂亮"赞美别人比较好。对家人或朋友，则可以多用。一句"漂亮"，能让对方意识到自己正在被别人注视，于是便会不自觉地向"漂亮"的方向努力，而且会调动起全身的各种器官去努力，结果真的能变漂亮。这真是不可思议的心理效应。建议男性朋友可以对自己的妻子或恋人使用赞美战略，而且长期坚持必定有效。

从具体的赞美方法来说，"你今天真漂亮"这种说法欠缺考虑，容易让对方生气。正确的说法应该是"你今天也很漂亮"。另外，在众多女性同时在场的情况下，只赞美某一个人漂亮，是万万不可的。

再有，对于真正的美女，用"漂亮"来赞美她们往往效果甚弱，有时甚至会起反作用。这是相关学者通过实验证明过的。所以，对于真正的美女，我们应该发掘她们身上少有人关注的地方进行赞美，以赞美其内涵为佳。

"漂亮"这个词多是男性赞美女性时使用的，但实际上，对于男性同样可以使用"漂亮"这个词进行赞美，而且效果非凡。当然，赞美的对象并不是男性本人，而是他的妻子或者恋人。当有人赞美自己的配偶漂亮时，男性心里会非常高兴。从本能上来讲，在选择配偶时，男性就比女性更注重对方的外表。因此，赞美男性的配偶外表漂亮的话，会让男性获得极大的心理满足感。

2. "可爱"

和"漂亮"相似，还有一个赞美之词——"可爱"。至于这两个词哪个更能取悦对方，个人差异比较大，不可一概而论。需要注意的一点是，对于实在无法用"漂亮"来赞美的人，我们常用"可爱"来赞美。因此，"可爱"还有一个"不够漂亮"的言外之意，因此使用时要特别谨慎。而且，现在"可爱"也被用得过于泛滥，其赞美效果也大大打了折扣。所以，大多数情况下，还是使用"漂亮"来赞美别人要明智一些。再有，即使我们自己分得清"可爱"与"漂亮"之间的差异，但一般无法准确地传达给对方。所以，我认为，"可爱"最好不要用来赞美人，用来赞美人随身携带的物品比较合适。比如"您的手机挂饰非常可爱呢"。

常用的"赞美之词" / 外表
～赞美别人时该用什么词？（2）～

【外表】

3."您真有品位啊！"

用"有品位"来赞美别人，在年轻人中比较少用，但对于成熟的女性来说，被人称赞"有品位"会让她们感到非常开心。"品位"这个词，可以传递一种"与众不同"的信息。此外，除了"有品位"之外，"有气质"、"高雅"等都是非常"上档次"的赞美之词。

4."您的笑容真甜美！"

当对方的外表实在找不出可以赞美的地方时，赞美其笑容可以收到意想不到的效果。基本上来说，任何人笑的时候都很好看，所以赞美对方的笑容是非常安全和保险的选择。而且，赞美笑容本身，还可以作为一个长期战略使用，特别是对于服务行业、营销行业的人，经常赞扬他们的笑容，能让他们笑得时间更长、笑得更美。这样对于工作也是非常有帮助的。所以，作为上司，要经常赞美部下的笑容。

5."整洁、干净"

"整洁、干净"的赞美之词，对于男性来说特别有效。有很多男性（特别是年轻男性），非常担心因为自己不干净、不整洁，而遭到别人的厌恶。日本学者曾经以大学生为对象进行过一项调查，结果显示，有47%的人担心自己的体味、口臭、头发的气味等会给周围的人带来困扰，有27%的人担心由此会引起别人的厌恶。所以，赞美别人"整洁、干净"能够打消他们这方面的顾虑，让他们感觉安心。

赞美专家
欢迎光临！
请您好好赞美我一番吧！
嗯？这不是当年被我赞美过的那个年轻人吗？
啊，他笑了。
虽然笑容也一般，我姑且赞美他两句吧。
你的笑容真有感染力。
一年后……
笑容大赛
第一名

常用的"赞美之词" / 内涵、行为
~ 赞美别人时该用什么词？（1）~

【内涵、行为】

1. "明快"

"明快"可以说是一个非常普通的赞美词，但如果您不把它当做一个普通的词，使用起来还是非常有效的。同样形容人性格"明快"的词还有"乐天"、"豁达"等。我们在赞美别人时，对方不仅会通过语言，还会通过我们的表情、态度等判断出我们是否在真心赞美。所以，我们要保持明快的表情，真诚地去赞美别人。我们流露出"笑容不断"、"很有精神"的表情和态度本身，也是对对方的一种赞美。

2. "考虑周全"

这是赞美成熟之人的用词。"成熟"这个词，不常用来赞美别人。我们可以用"考虑周全"来赞美成熟的人，其中有一个联想的过程，即"成熟"→"考虑的事情多"→"对事物的思考比我们更加深入"。类似的赞美语言还有"冷静"、"沉着冷静"、"自律"、"稳重"等。

3. "头脑聪明"

这是赞美别人有智慧、有内涵的用词。"知识丰富"、"理性"也都是类似的赞美用语。如果谈话的对方是知识分子的话，那么我们故意讲一些专业术语，会让对方高兴。另外，"聪明"（理解能力强）、"伶俐"（头脑转得快）等都是很好的赞美词。对于一些反应很快的朋友，我们赞美他们"头脑转得快"比说他们"聪明"更令人高兴。

4. "您说话条理清晰、浅显易懂"

这样的评价，不仅赞美了对方聪明的头脑，同时还赞美了其强大的理论基础和对难懂的问题进行清晰解说的能力。有很多人头脑虽然聪明，但讲解问题时总是讲不清楚。所以，赞美对方"说话条理清晰、浅显易懂"，是很高的评价。

5. "理解能力强"

这是在公司中，上司评价部下能力时常用的一个赞美之词。除此之外，赞美理解能力强的词还有"理解得真快"、"善于思考"、"善于抓住要点"、"观察能力强"等。

6. "你说得真好"

比较熟悉的朋友之间谈话时，如果认为对方讲得很有道理，我们可以赞美说："你说得真好！"赞美的时候，要充满感情。朋友关系变得亲密之后，彼此间相互赞美就会变得越来越少，偶尔低调地赞美一下对方，能进一步**拉近彼此的距离**。

常用的"赞美之词"/内涵、行为
~ 赞美别人时该用什么词?（2）~

【内涵、行为】

7."您真努力"

看到别人努力做事的样子时，我们要及时给予赞扬和鼓励，说一句："你真努力！"在赞美别人的同时，也向对方表明"我非常理解你，我看到了你的努力"。然而，说别人努力，有时也会被误解，因为有人会认为"努力是弥补无能的一种手段"。所以，我们可以用"您真有上进心"来代替"您真努力"。或者，在赞美别人努力的同时，还要认同对方的能力或赞美其潜在才能，这样就不容易被误解了。

8."感性丰富"

当别人在各种各样的影响下，还能发挥出自己能力时，我们可以赞美他们"感性丰富"。类似的赞美语还有"感受性高"等。"感性丰富"这样的赞美词本身就带有几分暧昧不清，我们再暧昧地使用的话，可以让对方根据自己的需要去理解。如果在对方的能力还没有发挥出来之前这样赞美的话，可以鼓动他的干劲。

9."和你在一起真开心"

不去具体赞美对方某个方面的优点时，可以用"和你在一起真开心"、"和你在一起很安心"的表达方式。这是一种对对方人性魅力的综合评价，也是让对方开心的"赞美必杀技"，可以说百试百灵。在异性之间，这样的赞美能让对方产生出超越好感的感情。所以，想发展恋爱关系的话，最好不要乱用这种赞美方式。

你像香蕉一样。

赞美别人的时候，可以具体、形象地赞美，

我亲切又甜美吗？

也可以抽象地赞美，

你像电灯一样。

喂！那不是赞美吧！

你身体是弯的。

结果，对方可以按照自己的需要加以理解。

可以照亮一切。

明快

127

保持适当的距离
~ 私人空间 ~

　　想要加深自己与别人之间的关系，光靠语言赞美还是不够的。在和对方谈话时，还要有意识地注意彼此之间的"距离"。如前面第 66 页所讲的，每个人都有一个"私人空间"，就像自己的领地一样。私人空间的大小，会根据对方的不同而改变。如果对方是亲近的人，那么自己的私人空间会变小。反之，如果对方是陌生人，我们的私人空间就会变大。举例来说，如果公司的上司踏进了我们的私人空间，即使他是来表扬我们的，我们同样也会感到巨大的压力感。另外，女性的私人空间相对男性来说更大一些，所以男性上司和女性部下谈话时，最好保持 1 ~ 1.5 米的距离。

　　不过，私人空间也有一个有趣的特征。当别人进入自己的私人空间，并长时间待在其中时，也许一开始我们会对他抱有厌恶感，但时间长了就有逐渐对其产生好感的倾向。利用这一心理效应，也可以加深彼此之间的关系。也就是说，**我们要找个理由进入对方的私人空间，并尽量长时间地待在其中。**

　　肯定有朋友会问，这样也行吗？

　　当然行，而且非常简单。比如，汽车的驾驶席与副驾驶席，地铁座位，饭店、酒吧、居酒屋的吧台等。想长时间待在一起的话，可以说并列坐在吧台前是最好的选择。

　　因此，想和某位异性发展恋爱关系的话，一起就餐时面对面相视而坐不如并列坐在吧台前的效果好。所以，选择餐馆时，以有吧台、可以并排坐的寿司店、居酒屋等为首选。

　　此外，一起进餐也是强化关系的最佳选择。因为吃美食可以给人带来满足感，而对于给我们带来满足感的人、共同分享满足感的人，我们当然会对他们怀有好感。

💛 敞开心扉，让关系向深层发展
~ 自我告白，提高亲密度 ~

"实际上，我最近在公司遭遇了一系列重大的失败……"像这种，把自己羞于启齿的失败经历、糗事等隐私性话题向朋友诉说的行为，称为"自我告白"。心理学的研究表明，如果别人向我们进行自我告白的话，我们容易对其产生好感。日本人就特别不善于自我告白，对于隐私性的问题，他们会尽可能地埋藏在心底，而不告诉任何人。实际上，善于自我告白的话，不仅可以缓解自身的压力，还能增进人与人之间的关系。

当我们向别人进行自我告白时，对方会觉得我们非常信任他，因为我们把如此重要的事情都告诉他，于是会对我们产生好感。将自己的秘密、失败经历、糗事、疾病等告诉对方，能赢得对方的好感。与此同时，"熟知性法则"也会发挥作用，即详细地了解对方也容易对对方产生好感。这样一来，两人之间的亲密度就进一步加深了。而且，自我告白不管是对同性还是异性，同样有效。

不过，**自我告白需要注意时机的把握**。对于交往时间短、关系不深的朋友，就进行深度自我告白的话，有强加于人的感觉，会起到反作用。所以，初次见面或刚认识不久，最好不要把自己的重大秘密告诉对方。

我们应该**看准时机，由浅入深地进行自我告白**。开始时，可以讲自己的一些糗事，就像开玩笑一样。然后，随着关系的深入，再加大自我告白的力度和深度。

另外，人还有一种心理倾向，即当接受别人自我告白的同时，我们也会向对方进行同等程度的自我告白。这叫做"自我告白的回报性"。通过反复、相互地进行自我告白，双方分享彼此的秘密，能够建立起一种特殊的信任关系。所以，当您想和某人建立亲密的关系时，就尝试着一点点进行自我告白吧。

其实，我在经理的咖啡里吐了口香糖。

还在里面加了辣椒油。

被调到无人荒岛……

将自己的秘密告诉别人，

秘密

对方容易对我们产生好感。

他只告诉了我……

好感

这就叫做"自我告白"。

好！我也试试。

131

磨炼"共鸣能力",拉近彼此距离(1)
~ 不知对方心里所想的人 ~

序章中介绍过,在日本对 3517 名对象进行了"关于人际关系问题的问卷调查",其中一个问题是"在人际关系中,您最为烦恼的问题是什么?"结果显示,排在第一位的是"无法和别人建立良好的人际关系",所占比例为 23.6%;回答"不了解对方心里在想些什么"的人占到了 21.2%,比例也相当高。当然,不了解对方心里在想些什么,自然就无法与其建立良好的人际关系。

最近,"不了解对方心里在想些什么"的人,其人数有不断增加的趋势。现在很多人都无法与别人进行良好的沟通,不了解别人心中所想,而别人也难以理解自己。人际关系对他们来说就是一件麻烦事。

我们人类彼此之间进行的传情达意的交流,从大的方面来讲可以分为两类。一类是语言交流,另一类是非语言交流。语言交流很好理解,不用赘述。所谓非语言交流,就是根据对方的表情、动作等揣测对方心里在想些什么。非语言交流也是了解对方真正意图的一种有效方法。**非语言交流的高手,可以根据表情、动作等看穿对方的真心,**"他虽然嘴上那么说,但心里却是这样想的"。

本来,语言交流和非语言交流的能力,在我们的成长过程中,应该是同时、均衡地发展的。但是,在现代社会中,由于各种各样的原因,很多人在成长过程中,非语言交流的能力没有发展起来。于是,有一些人过度依赖语言交流,这样的人就很容易受骗,因为并不是所有语言都是出自真心的。所以,我们一定要让语言交流和非语言交流两种能力均衡地发展起来。

磨炼"共鸣能力",拉近彼此距离（2）
~ 理解别人心情的原理 ~

为非语言能力提供支持的,是能够对别人感情产生共鸣的一种能力。如果这种共鸣能力较低的话,我们就难以理解别人心中在想些什么。

据日本东邦大学医学系的有田教授说,人类的共鸣能力,与大脑的前脑前野、脑内物质血清素以及合成血清素的血清素神经存在密切的联系。前脑前野中的内侧前脑前野掌管着我们的共鸣能力,如果能够改善前脑前野的血液循环,让血清素神经活跃起来,便可以有效地提高我们的共鸣能力。

平日里和人接触比较多的人,前脑前野、血清素神经的活动比较活跃,能够比较好地读懂别人的心情;而与人接触较少,或者"宅"在家里不愿出门的人,共鸣能力会不断退化。整天伏案工作的人,共鸣能力也有逐渐衰弱的危险(我们身边从事技术工作的人,大多给人一种不苟言笑、冷冰冰的印象,可能就是平时与人接触少,共鸣能力退化的原因造成的)。

另外,血清素还有转换心情和使人安心的作用。比如,在公司受了气、被忽视,心情不好的时候,如果血清素神经能够正常工作的话,人的情绪就会进行自动修复,采取一种积极向上、向前看的态度,慢慢地就会开心起来。再有,血清素对于睡眠、食欲、呼吸等都有很大的影响。血清素分泌不足的话,人就会出现失眠、食欲差等症状,如果再严重一点,甚至会引发抑郁症。

磨炼"共鸣能力",拉近彼此距离(3)
~ 提高共鸣能力的训练方法 ~

为了与他人建立良好的人际关系,需要有一颗安定的心和理解他人感情的共鸣能力。下面就为您介绍一下提高自己共鸣能力的训练方法,不用勉强自己,选择其中喜欢的项目练习即可。

1. 进行有节奏感的运动

科学家研究发现,单调地重复运动有助于促进血清素神经的活动。不用进行太剧烈的运动,散步、上下楼梯、深蹲等具有一定节奏感的锻炼就很好。特别推荐的就是散步。在温暖的阳光下散步,不仅能让人心情无比放松,还能够刺激血清素神经的活动,可以说是一举多得的运动。有时间的话,就多出去走走吧。

2. 注意饮食生活,平衡摄取营养

人体合成血清素所需的原料是一种叫做"色氨酸"的氨基酸。而我们体内无法合成色氨酸,全部需要从食物中摄取,肉类、豆类、乳制品中都含有丰富的色氨酸。另外,还要适当补充维生素 B_6(也可以补充维生素制剂)。建议每天早晨吃香蕉和牛奶(或酸奶),再加一些奶酪、猪肉、鱼类等。有些朋友为了减肥,只吃素不吃肉,结果造成体内血清素分泌不足,出现烦躁不安甚至患上抑郁症的例子也不少。所以,我们在饮食方面,还是应该营养均衡。

3. 生活要有规律,注意早睡早起

血清素在有阳光的白天分泌旺盛,所以我们应该早上早点起床,晚上不熬夜。周末,也不要起床太晚,始终保持一定的规律生活。

4. 多看电影、电视剧、小说等，让心跟着感动

实际上，即使不用实际与人接触，将自己的感情移入文学、影视作品中，同样可以刺激共鸣能力。可以选择那些"催人泪下"的作品，效果就更好了。另外，倾听朋友诉说烦恼，和他们一起烦恼、一起哭泣也是锻炼共鸣能力的好方法。

5. 尽量多地与人接触

在与人接触的过程中，要有意识地根据对方的表情、态度等揣测他们的内心。谈话是表达自己内心的一个方法，但并不是全部。而且，说的话并不一定都是真的。所以，我们要注意不能完全受别人嘴里所说的话摆布，还要通过非语言交流看透他们的真心。

怎么样？上面的哪些训练项目适合您？想要提高自己的共鸣能力，加深与别人之间的关系的话，就适当做些训练吧。其实很简单，做些轻松的、有节奏感的运动，改善饮食，看看电影读读书就可以了。就像这样，不善于与人交往的人，也能逐步敞开心扉，与人建立起良好的人际关系。而且，一点点理解了对方的心情、感情之后，我们就会变得开朗起来，乐于与人交往了。

有节奏感的运动

增进关系、拉近距离的方法／总结
~"赞美"、"敞开心扉"、"共鸣"~

第二印象，主要是由人的内在因素构成的，如内涵、性格等。如果我们的这些内在因素让对方感到安心的话，对方同样可以接纳我们。本章中讲解了一些增进关系的方法，下面简单地作一下总结。您可以结合自己的情况，再进行一次确认。

1. "赞美"对方

请不要吝惜您的赞美之词，对对方身上的优点、长处，尽可能多地去赞美吧！赞美别人时，被赞美的一方会对赞美自己的人产生好感，从而增进彼此之间的关系。此外，在别人身上寻找优点的同时，也会磨炼我们看待他人的视角，让我们学会多看别人好的一面。而且，赞美别人时，我们能够真正体会到对方的优点，从而也加深对对方的好感。当我们喜欢对方之后，就会更加自然、发自内心地赞美对方。

2. "敞开自己的心扉"

如果始终不愿与人分享自己的秘密，那么我们就永远也交不到真正的知心朋友。我们应该把握好时机，一点一点地把自己的秘密、想法告诉朋友，以增进彼此之间的关系。当自己敞开心扉之后，对方同样也会敞开心扉，这样一来，彼此更加了解，关系也就更加亲密。

3. 对对方的感情产生"共鸣"

人对于能够理解自己的感情、能与自己产生共鸣的人，容易产生好感。所以，我们要努力去理解对方的心情，珍重对方的感情。为此，我们要磨炼自己的感知能力，争取与别人的感情产生共鸣。实际上，理解了别人的感情之后，我们自己也能在交往中获得安心感。

敞开心扉

但是，我真的讨厌你。

人际关系机器人
"人造人 EZ300 型"

糟糕

赞美

你真漂亮！

自爆

轰

共鸣

那个人真过分！

嗯嗯

专栏 请求与距离的关系

　　基本上来说，为了不引起对方的不快，我们在谈话时，应该保持一定的距离。但有调查数据显示，在向别人提出请求时，离对方比较近的话，成功率会比较高。在向志愿者提出请求的实验中，研究人员分别距离志愿者 40 厘米和 1 米向他们提出请求。结果显示，距离 40 厘米提出请求时，志愿者更容易接受请求。由此可见，向别人提出请求时，靠近一点比较好。

第四章

人际关系的
修复方法

　　好不容易建立起来的人际关系，不知何时、不知因为何事，就会停步不前、陷入僵局甚至出现裂痕，这样的情况相信您也遇到过吧？本章将从多个视角出发，为您解说修复人际关系的方法。

为人际关系烦恼的人们
~ 半数以上的人都会为人际关系感到烦恼 ~

把握好自己留给人的第一印象、第二印象，美化外表、磨炼内涵，这样就可以和别人建立良好的人际关系了吧？

非常遗憾，人际关系并没有那么简单。

上述那些方法，只能让建立人际关系相对变得容易些，并不是说采用了那些方法后，人际关系就一定会顺利发展且不出任何问题。人际关系经常会因为莫名其妙的一点小事而停滞不前、陷入僵局甚至出现裂痕。

特别是公司的上班族，由于公司中人与人之间存在一定的利害关系，相互间的关系也变得异常复杂。有的上司为了保全自己，会拿部下来当替罪羊；有的上司会抢占部下的功劳；而有些部下为了自己的利益，不听指挥、胡作非为等。和这样的同事一起工作，想必建立良好的人际关系是非常困难的一件事吧。所以，才有很多人因为受到人际关系的困扰，不愿出去工作。

前面提到的"关于人际关系问题的问卷调查"也能体现出这个问题。调查结果显示，在上班族中（包括派遣员工、临时工等），有 51.2% 的人为人际关系感到烦恼，烦恼的对象中上司占 33.4%，同事占 23.1%，部下占 11.7%。由此可见，大约每 3 个人中就有 1 个人感觉很难与上司相处。

如果能随便辞职就好了，可当今日本社会经济不景气，跳槽需要很大的决心、勇气和实力。而且，首先必须得到家人的理解。再者，即使跳槽，新公司的上司和同事也不能保证就一定很好相处。于是，很多人思前想后，最后还是决定留在原来的岗位上继续忍耐。然而，不管怎么忍耐，情况也不会自行得到改善，人只会在痛苦之中度过每一天。倘若长此以往的话，人的心理势必会出现问题。

那么，到底该如何是好呢？

原来如此啊！

每 2 个人中就有 1 个人为人际关系感到烦恼。

不过，我不靠心理学，我要靠自己……

而每 3 个人当中就有 1 个人很难和上司相处。

联名上书，弹劾上司啦！大家快来签名啊！

由此可见，为人际关系感到烦恼的职员，还真是不少。

我不想干了……

"不忍耐"、"不强求"
~ 从 "改变" 自己做起 ~

越是认真、诚实的人，对人对事时越容易较真，还容易说实话，在无意中得罪别人。所以，这样的朋友也常常会受到人际关系问题的困扰。然而，面对问题时，一味地"忍耐"，或者不顾客观情况，"强迫"自己去努力改变现状，也是不可取的。那样做不仅不能改变现状，还会让自己身心疲惫。

想从人际关系烦恼的处境中挣脱出来，有两条路可以选。

第一种选择，便是**跳槽**，去其他公司就职。虽然这种做法有很大的风险，但至少可以从令人窒息的困境中摆脱出来。脱离旧的环境之后，我们应该思考一下自己真正想做的事情是什么，并寻找可以发挥出自身优势、对自己成长最为有利的工作。等到了新环境后，就要重新开始建立人际关系了。这次，第一印象、第二印象的确立一定要把握好。好不容易得来的机会，一定不能再失败了。也许不会立刻见效，但只要是自己想到的就要做好，逐渐就会好起来，至少可以让自己的心态越来越轻松。

另外一种选择，就是**保持现状，但要逐渐改变自己**。转换思维方式，挑战自己，去改善不太和谐的人际关系。然而，改变自己，说起来简单做起来却十分困难。把自己以前一直信奉的信条、理念全部抛弃，真的很难做到。可是，如果现在不挑战一下自己的话，那么以后的日子也会和以前一样不好过。所以，不要想自己不行，先做做看嘛。做了之后发现不行，还可以选择其他方法。总而言之，就是要避免一味地忍耐和毫无意义的强迫努力。

即使因人际关系问题而感到烦恼,
真不想干了……
有很多人还是选择了忍耐。
还是忍一忍吧。
无须忍耐!
嘭
!
你应该活得更自由。
嗯,没错!好,我马上辞职。
对了,您是……
企业重组仙人
企业重组啊!

改变视角、转换思维方式
~ 在讨厌的人身上寻找优点 ~

要想改变自己，首先必须转换思维方式。当人讨厌一个人的时候，就容易只看到他身上的缺点，以致越来越讨厌对方。反过来，如果喜欢一个人的话，就会只看到他身上的优点，觉得他全身都是优点，以致越来越喜欢对方。这是因为头脑中否定事物的部分受到了抑制时，其活动就没有那么活跃了。对人怀有好感的话，脑内的判断力就会降低。所以，喜欢一个人的时候就会产生良性循环，而讨厌一个人的时候就会产生恶性循环。

因此，对于每天必须见面的人来说，与讨厌他们相比，还是想办法去喜欢他们吧。为此，我们应该改变一下自己的视角和思维方式。例如：

● 对于易怒的人，我们不要认为他们"脾气暴躁"，而应该认为他们是"直接表达自己感情的人"；

● 对于总是自我吹嘘、自鸣得意的人，我们不要认为他们"傲慢"，而应该认为他们是"有自信的人"；

● 对于从不改变自己想法的人，我们不要认为他们"固执"，而应该认为他们是"执著的人"；

● 对于看别人做什么事情都会一一指导的人，我们不要认为他们"琐碎"，而应该认为他们是"做事认真的人"；

● 对于见人说人话、见鬼说鬼话的人，我们不要认为他们"八面玲珑"，而应该认为他们是"善于社交的人"。

像这样，从一点点的积极评价开始，逐渐改变自己对别人的看法。当然，从自己讨厌的人身上寻找优点，是一件非常痛苦的事情，但不经历痛苦，又怎么能改变呢？

不要把从不改变自己想法的人理解为"固执的人"，而应该认为他们是"执著的人"。

嗯嗯

要想改变自己，

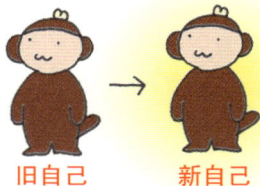

旧自己　　新自己

不要把喜欢拿鞭子抽人的人理解为"施虐狂"，而应该认为她们是"女王殿下"。

嗯？

应该先转变思维方式。

旧思维方式　　新思维方式

哪有这一项？！

快叫"女王殿下"！

例如，不要把易怒的人理解为"脾气暴躁的人"，而应该认为他们是"直接表达自己感情的人"。

嗯

先"和谈",然后"道歉"
~ 适当的时候,稍微妥协一下 ~

　　使人际关系恶化的一个重要原因,就是发生问题后,采取搁置的态度,即对问题置之不理。当自己与他人发生冲突时,人都有一种搁置问题的倾向。在本次的问卷调查中,也有问题涉及到当人际关系出现问题时该怎么办。结果,收到最多的回答竟然是对问题置之不理。

　　在心理学家所作的调查中,当人际关系出现问题时,有 48% 的人选择了忍耐。尝试采取"和谈"等积极方法改善关系的人只占 12%。大学生与他人发生冲突,感到愤怒时,最多采用的对策是"忍耐,然后找人发发牢骚",选择这种方式的人占到了 33%。而"将愤怒直接向对方表达出来"的人只占 14%。

　　一味的忍耐,让时间来改善人际关系的问题,得到好结果的例子非常少。这样做的结果大多是回避对方,以后也不会与对方来往,以致两个人之间的关系不断恶化。

　　因此,我们有必要改变一下思维方式了。当与对方发生纠纷时,应该立即与对方进行"和谈",好言好语地商量解决办法。当然,与意见不合的人进行"和谈"是一件非常痛苦的事情。可是,将问题搁置起来的话,又会出现更多令人头疼的问题。

　　如果这样还不能解决问题的话,如果对方还非常生气(或感到不快)的话,我们姑且先说一句"对不起",向他道个歉。确实,有的朋友会想,"我又没做什么错事,为什么让我向他道歉?"但是,从维护人际关系的角度考虑,**偶尔放低姿态,适当地采取妥协态度也是非常必要的**。我们应该适当地改变一下自己,有时需要暂且放下自尊来建立一种和谐的关系,这样会给我们带来更多的好处。

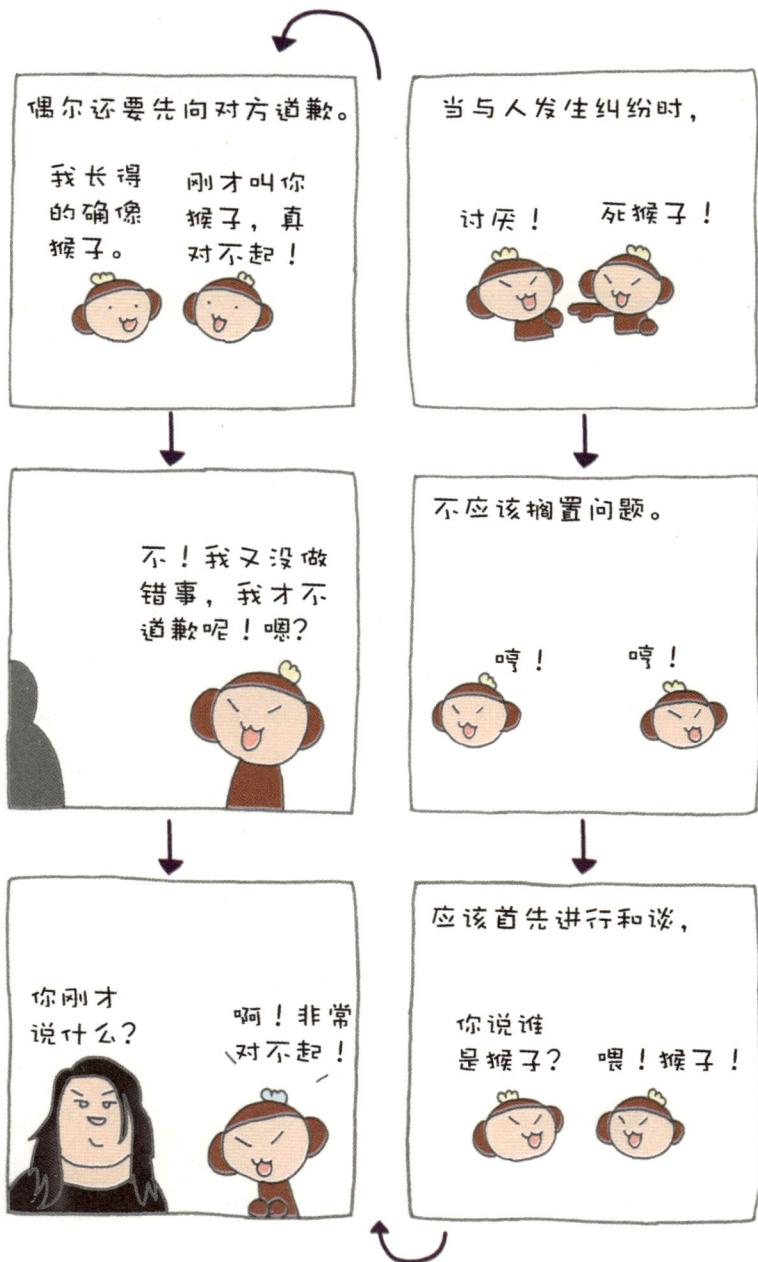

感觉两个人的关系出现裂痕时，可以请对方吃饭
~ 打开对方心扉的"午餐策略" ~

与他人关系出现裂痕之后，可以先"和谈"再道歉。如果这样还解决不了问题的话，我们该怎么办呢？

这个时候，可以邀请对方一起吃饭，而不要固执地想："让我和讨厌的人一起吃饭？没门！"应该放低姿态，咬牙去挑战一下自己。请对方吃饭，其中有两大理由。

第一个理由，可以让自己的头脑冷静下来。当我们情绪激动、大脑充血时，对对方说什么，都不会起到好作用，而且很可能适得其反。所以，为了找回自己冷静的判断能力，我们需要一点时间让自己冷静下来。

第二个理由，一起进餐具有重大的意义。吃饭，可以给人带来快乐和满足感，而与自己共享这种喜悦心情的人，我们多会对其产生好感。这种心理效应称为**"午餐策略"**。一起进餐，可以制造轻松的氛围，更容易让对方敞开心扉。如果找不到很好的理由请对方吃饭，可以把"为上次的事情道歉"作为理由，发出邀请。

有一点需要提醒朋友们注意，那就是在一起就餐时，千万不要提当初引发矛盾的那件事。因为那样的话，对方可能会在心里指责您请他吃的是"鸿门宴"，以致更加怀恨在心。即使在吃饭时，您不说话，对方也会从您"和谈"、"道歉"、"请客"的行动中感受到您的妥协和诚意，没准就会耐心听取您的意见呢。而且，您的让步姿态是会得到回报的，对方也会相应地作出让步。

当然，请对方一起**"喝酒"**更能让彼此敞开心扉，但一喝起酒来就很容易把该说的事情给忘记了。所以，与"喝酒"相比，还是"吃饭"更好一些。此外，请客吃饭的话，推荐您选择日式料理。因为日式料理都是跪坐着吃，会感觉比较亲切，而且日式料理店的装潢氛围也更让人放松。

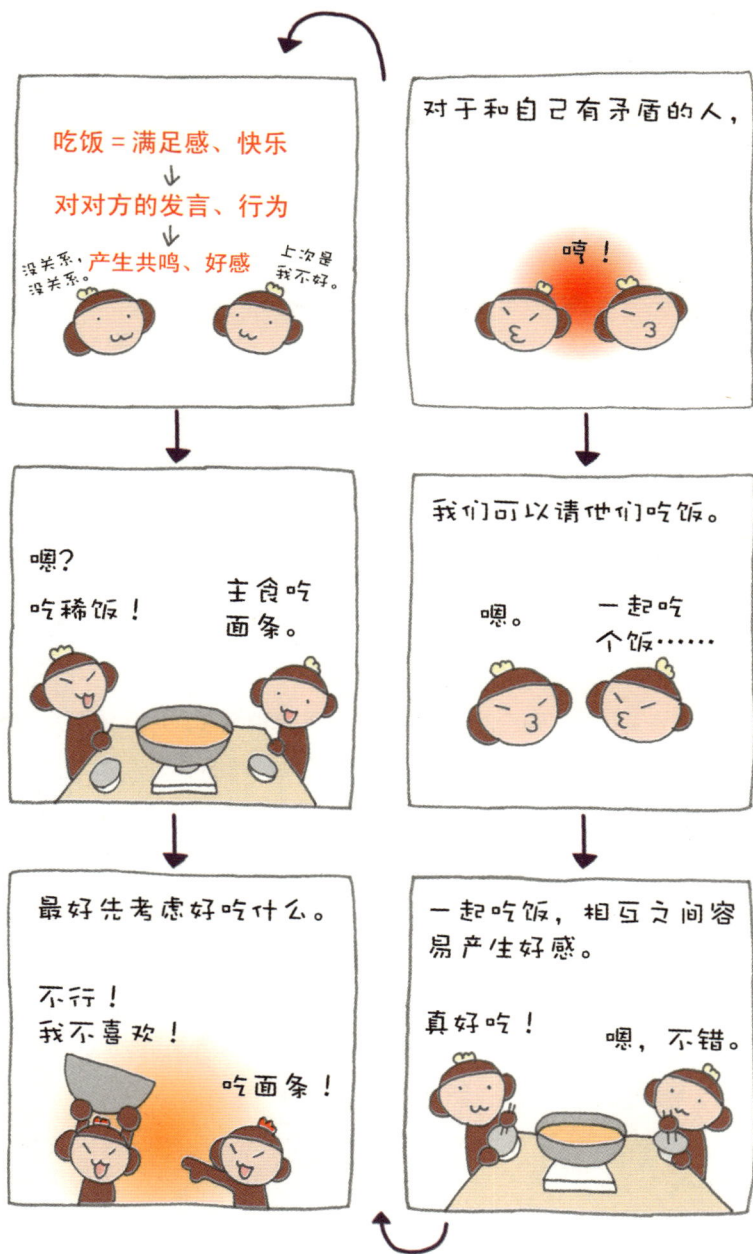

吃饭＝满足感、快乐
↓
对对方的发言、行为
↓
产生共鸣、好感

没关系，没关系。

上次是我不好。

对于和自己有矛盾的人，

哼！

嗯?
吃稀饭！

主食吃面条。

我们可以请他们吃饭。

嗯。

一起吃个饭……

最好先考虑好吃什么。

不行！
我不喜欢！

吃面条！

一起吃饭，相互之间容易产生好感。

真好吃！

嗯，不错。

💛 修复关系的话题
~ 吃饭时该聊点什么呢？~

和有矛盾的人一起吃饭时，该聊点什么话题呢？

首先，应该在谈话中寻找自己与对方的共同点。前面讲过，可以通过提问来寻找共同点。比如，兴趣爱好、出生地、学生时代的朋友圈子、家庭情况等。如果是老乡的话，一下子就可以把彼此之间的距离拉近。

人都具有一种心理倾向，对于和自己相似的人容易产生好感。利用这一心理倾向，我们在闲谈的过程中，要有目的地寻找共同点。如果共同点不止一个的话，关系会变得更加亲密。与共同点的深度相比，数量多更有效果。

而且，前面不止一次讲过，"自我告白"非常有效。我们应优先考虑和大家建立和谐的人际关系，所以该放下的自尊心都要放下，讲一些自己的秘密、糗事等，让别人了解自己，从而拉近彼此之间的距离。

举例来说，吃饭聊天时，**不要提出对立性的意见，而只要把自己意见的背景婉转地阐述出来就好**。不要去批评对方的意见，而是把自己所坚持的意见的理由阐述出来。比如，"我也有自己的梦想，我想实现这个梦想"，"我以为那样做对公司有好处，所以就强硬地去执行，结果忽略了周围人的感受"，关键的一点是要稍微示弱。

人心都是肉长的，相信谈到这里，对方都会因您的改变而态度变得柔和。因为自我告白具有"回报性"，没准对方也会把他们所坚持的意见的背景、原因讲出来。这样一来，双方就可以从新的角度去审视对方的意见，也许很快就可以相互理解、达成一致。

学会说感谢的话
~ 用"谢谢"来改善人际关系 ~

不管是在公司里，还是在家庭中，有一个词对于修复人际关系非常有用，那便是"谢谢"。当别人对我们说"谢谢"时，我们都会感到非常开心。因为收到别人的感谢，我们会觉得自己所做的事情对别人有帮助，自己的行为、语言得到了别人的认可。人是一种社会性非常强的动物，总是希望得到别人的认可。因此，如果能得到认可，就感到无比高兴。在世界上任何一种语言中，都有"谢谢"这个词。

不过，这么一句简单的"谢谢"虽然能够让别人开心，但有很多人却不愿意说。因为有不少人羞于直接表达自己的心情，也有不少人出于自尊心的原因，不会轻易向人表达谢意。他们误认为向别人表达谢意，就表现出了自己的软弱或失败。

另外，作为接受感谢的一方，有的人会因为自己做了好事，就认为必须受到感谢。他们会想："我为你做了那么多，你感谢我是理所当然的事。"

当不善于表达谢意的人和强烈希望受到感谢的人相遇时，他们之间的关系会急速恶化。一句小小的"谢谢"，如果您不愿意说的话，可能会让您丧失非常重要的人际关系。

"谢谢"这个词，和羞耻、胜负没有什么关系。当别人所做的事情对我们有帮助时，我们就应心怀喜悦地、真诚地对他们表示感谢。而另一方面，当我们帮助了别人时，不应该因为别人没有感谢我们就怀恨在心。更不应该认为"感谢我是理所当然的事情"，而去向别人"索要"谢意。

当您能理解这个道理之后，整个人都会感到非常轻松，人际关系也会变得顺畅起来。

对别人说"谢谢"，我不太好意思开口。对了！我可以说方言……

"谢谢"是一个非常重要的词，

谢谢！

吓吓侬！
（上海话，谢谢你）

嗯

不管对于建立人际关系，

没什么，
没什么。

谢谢你！

噜啦啦啦……

吓？

还是修复人际关系，都非常有用。

啊……
嗯

谢谢你！

对自己讨厌的人进行分析
～ 了解对方，才能找到突破口 ～

再给大家介绍一种转换思维方式、修复人际关系的方法。对于自己讨厌的人、关系不好的人，我们可以先去研究一下他们。

不过，一般人都会想，"对于自己讨厌的人，我才懒得去了解他们"。不过，有时，突破口可能就在您最不愿意做的事情中。

一开始，可以先从了解对方的行为模式、性格、喜好什么、讨厌什么、家庭状况等情况入手，把掌握的信息全部记录下来。然后，再去探寻对方言行的深层动机。例如，假如对方是公司上司，他可能"作为管理者，必须对部下严格要求"，也可能"为了自己出头，而把部下当做垫脚石"。这样一来，我们就可以冷静地思考问题，站在对方的角度看待事情。也许以前不能容忍对方的地方，现在也可以理解了。

通过分析，我们可以看透对方言行的动机，而了解了这些深层次的原因之后，也许改善人际关系的突破口就会出现在我们面前。举例来说，"上司作为管理者，他的责任感非常强，所以才会对我要求过于严格"，或者"他是为了家人才如此努力工作的，有的时候对部下甚至有些苛刻"。

了解到这些的话，我们便可以有针对性地采取一些改善关系的措施。比如，"他的责任感特别强，在以后的工作中，我应该随时汇报工作，让他了解工作的进程，这样他就会安心了"，或者"他对家人的责任心非常重，我可以和他多聊些家庭方面的话题，以缓和气氛"。

怎么样？是不是稍微改变一下自己的思维方式，人际关系就会朝好的方向前进一步呢？

另外，还有一种心理效应叫做"熟知性法则"。也就是说，对对方的了解越多，越容易对他产生好感。所以，多多了解对方，对建立、改善人际关系都大有裨益。

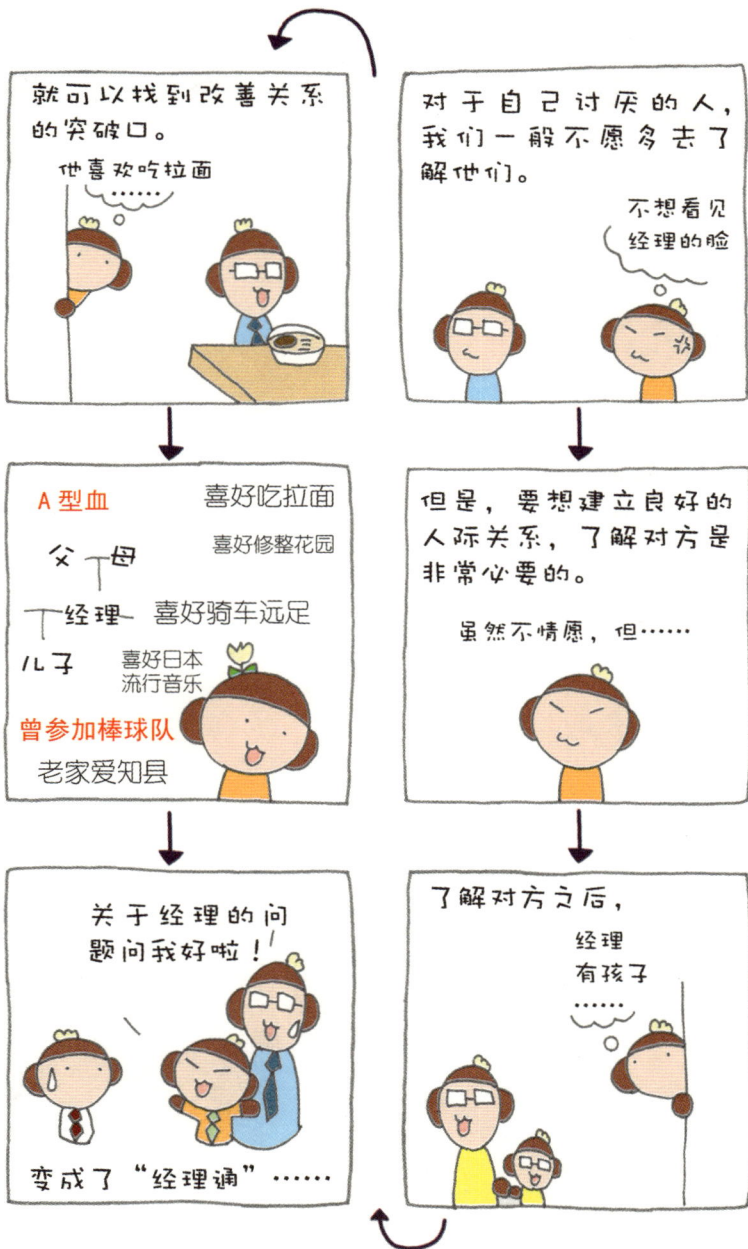

就可以找到改善关系的突破口。

他喜欢吃拉面……

对于自己讨厌的人，我们一般不愿多去了解他们。

不想看见经理的脸

A 型血 喜好吃拉面

父——母 喜好修整花园

——经理—— 喜好骑车远足

儿子 喜好日本流行音乐

曾参加棒球队

老家爱知县

但是，要想建立良好的人际关系，了解对方是非常必要的。

虽然不情愿，但……

关于经理的问题问我好啦！

变成了"经理通"……

了解对方之后，

经理有孩子……

157

根据公司人际关系的类型，制定相应的攻略
~ 如何应对麻烦的人（1）~

下面，我们将以特征明显的"麻烦对手"为对象，总结一些对付他们的攻略。最主要的方法是冷静地分析对方，采取适当的应对方案。以后，对于"麻烦对手"，您无须"忍耐"，在自己的心情遭到破坏之前，就出手遏止矛盾的产生。

✋ 总喜欢在细枝末节上找碴儿的人【危险度 ★ ☆ ☆ ☆ ☆】

性格背景：有的人总喜欢在细枝末节上找碴儿，比如，批评我们整理的会议资料最后的日期不对，或者某个词使用不当等。这样的人，一般不会给我们指出工作的大方向、战略性问题等，因为他们多半没有这个能力。也正因为如此，他们无法给我们提出重大的、关键性的工作建议，于是便在细枝末节的事情上大做文章。其实，他们这么做是为了引起我们的关注，想获得我们的认可。还有的人是想通过挑别人的毛病，以突出自己的正确性。

应对策略：想和这样的人保持良好的人际关系，首先，对于他们提出的批评，我们应该表示感谢。如果能赞扬他们两句就更好了。比如，"您总是能给我提出最恰当的指正，您太有水平了！"给对方戴上这样的"高

帽"，他一定会心里暗自高兴，因为毕竟他们想获得别人的赞美。结果，往往能听到他们对我们的褒奖："你这小子，有出息！"

💛 喜欢自吹自擂、说大话的人【危险度★☆☆☆☆】

性格背景：在上司和前辈之中，经常会遇到喜欢自吹自擂、说大话的人。他们总是拿自己的工作业绩、人脉等当做吹牛的资本，听一次两次也就算了，但如果每天都会听到，那真是太烦人了。其实，喜欢说大话的人，非常希望获得别人的认可，而且他们想获得别人赞美的欲望实在太强烈了。

每个人都有"自尊"，那是一种认为自己有价值的感情。自尊感情高的人，不管别人如何评价自己，都能冷静地面对；但自尊感情低的人，则需要受到别人的认可、赞赏才能确认自己存在的价值。但从另外一个角度看，自尊感情低的人，也是简单、直率、容易被读懂的人。

应对策略：这样的人，其实就是希望得到别人的认可和赞美。那我们满足他们好啦，比如，"哇！您真了不起！""您真令人佩服啊！"像这样，每次都带点吃惊的表情去赞美他们吧。对方一定会因此对我们产生好感。在公司里，能够不厌其烦地听他们吹牛的人，对他们来说非常重要。从某种意义上讲，这样的人简单、直率，就像孩子一样单纯。但缺点就是，容易缠着别人"索要"赞美。所以，我们和这样的人交往时，应该多多赞美他们，但最好也要和他们保持适当的距离。

嗯嗯

我的朋友很多，到处都有……

根据公司人际关系的类型，制定相应的攻略
~ 如何应对麻烦的人（2）~

👋 没有干劲、吊儿郎当的人【危险度 ★ ★ ☆ ☆ ☆ 】

性格背景：公司中多少都会有那么几个整天无精打采、缺乏干劲、吊儿郎当的职员。在公司里，他们的标准姿势就是发呆；外出办事的话，一般也都是找个地方去休息。遇到这样的部下，可以说是上司的不幸。一个人缺乏工作动力的原因可能多种多样，但也可能是多种原因叠加在一起的结果。总之，想找出他们吊儿郎当的原因是比较困难的。然而，如果对他们置之不理或者放任不管的话，他们在工作上就会一直停滞不前，而且工作情绪还容易受到消极感情的支配。如果是那样的话，再与他们交往就更加困难了。

应对策略：对于这样的部下，一般的上司可能会以训斥为主，例如"你给我拿出点干劲来！"然而，这样简单的训斥，可能会取得一时的效果，但从长远角度来看，其实是徒劳的。正确的应对方法是，首先，让他们行动起来，给他们找一些杂事做，哪怕只是让他们跑跑腿儿也好。人的手脚行动起来后，血液循环就会得到改善，流到大脑的血液也会随之增多。即使是让他们把办公桌收拾一下，也能刺激脑内的伏核（nucleus accumbens），让大脑兴奋起来。脑科学中将这种状态称为"作业兴奋"。伏核与人的欲望存在一定的联系，伏核受到刺激后，就会产生工作的欲望。接下来，再和他们好好地交流，进一步增强他们的工作动力。

快去干活！

叮——

喜欢听闲话、说闲话、传闲话，干扰工作的人
【危险度★★★☆☆】

性格背景：有些人特别喜欢听闲话、说闲话、传闲话。他们时不时地凑过来，讲周围人的各种闲话，有时甚至干扰到了我们的正常工作。偶尔一两次还可以接受，但如果天天如此的话，就十分令人困扰了。这种人是想通过显示自己所掌握的强大的信息量，来强调自己是了不起的人（有魅力的人、可信赖的人），借此引起别人的关注。此外，这样的人中，还有一些特别喜欢讲别人的不幸经历，他们会在无意识中和自己进行比较，以获得相对的"幸福感"。这样的人，和他们在一起聊天的人很多，但真正的朋友却很少。

应对策略：如果不是同一类人，对于他们讲的闲话，我们一般都不太愿意听，甚至都想无视他们的存在。但如果真的对他们视而不见，或者表现出不耐烦的神色，他们很有可能会在背后攻击我们，到处说我们的坏话。如果对方是工作上不得不接触的对象，那么我们姑且耐心地与他们相处吧。他们一般没有什么朋友，而且只会在和别人的不幸进行对比时，才能感觉到幸福。所以，如果我们能够耐心地与他们相处，他们一定会非常感动。不过，我们也要适当地与他们保持距离，切不可过分亲密。适当的时候，我们还是要明确地告诉他们不能干扰我们工作，比如"我的工作任务还没有完成，现在必须得干活了"。若能这样，相信可以和他们比较和谐地相处。

你听我给你讲，
　　你听我给你讲哈，
　　　　……

根据公司人际关系的类型，制定相应的攻略
~ 如何应对麻烦的人（3）~

朝令夕改的人【危险度★★★☆☆】

性格背景：有些上司，昨天说"必须做"，今天又说"不能做"。他们的指示完全没有一贯性，对下属的命令随着心情的变化而变化。在这样的上司手下工作，算是员工的一种不幸吧！这种类型的上司，还认为自己很聪明（其中的确有真聪明的人），自以为可以根据实际情况随机应变。然而，他们的判断大多缺乏理论依据，而且记忆力还特别差。在他们手下做事，效率极其低下，朝令夕改还会造成公司资源的严重浪费。

应对策略：朝令夕改型上司，最喜欢那些能把自己的命令立刻执行的"好好先生"型的部下。可是，他们嘴上又会说自己最讨厌"好好先生"。所以，这种上司得不到任何人的信任。如果不幸遇到这种上司，短期来看，我们可以扮演一段时间的"好好先生"以迎合他们，但从长期来看，我们应该采取用理论来武装自己的策略，即用科学的理论去"战胜"朝令夕改的上司。这样的上司一般理论基础都比较差，知识方面也比较欠缺，所以当他们遇到知识丰富、理论基础扎实的人时，多会产生敬畏的心理。然而，我们也绝不能因此就抱有轻视他们的态度，不能把他们当"傻瓜"。一般的做法是维护他们的地位、威严，与此同时以谦虚的态度给他们一些建议。

💛 失败之后马上推卸责任的人【危险度★★★★☆】

性格背景：有些人，当自己失败时，会马上把责任推卸给他人，从而掩饰自己的失败。比如，在上司面前，把失败的责任推卸到其他同事身上；在顾客面前，把商品的问题全部推卸到生产厂商一方。很多这样的人，并不是有意识推卸责任的，而是在他们头脑中早已形成了这样一种思维方式。还有一些心术不正的人，虽然小的责任他们会承担，但遇到大问题时就会把身上的责任推得干干净净，把自己伪装成"善人"的样子。推卸责任，是人的一种自我防卫行为，被称为"防卫机制"。但也有的人不是出于自我防卫，而完全是"转嫁责任"，这种行为在心理学上被称为"投射"。

应对策略：和喜欢推卸责任的人交往，如果关系处理不当的话，就会成为利用的对象。所以，如果不是工作上必须接触的人，我们最好对他们敬而远之。如果您的直属上司是这样的人，那您实在是太不幸了。这样的上司为了自己的利益，会把部下当做垫脚石，甚至替罪羊。所以，他们在部下口中可谓声名狼藉。和这样的上司打交道时，需要注意的一点是，在他们面前，绝对不可以说别人的坏话。而且，对待他们不可感情用事，必须冷静面对。我们可以以理论为基础，向他们提一些积极的、富有建设性的意见，但绝不可露出一丝破绽让他们有机可乘。虽然他们很讨厌，但有时又不得不和他们交往，所以我们不如适当地进行自我告白，与他们建立良好的关系。这样一来，便可以减少他们"加害"我们的机会。

家庭中修复关系的方法（1）
～ 结婚后夫妻间的纠纷是我们大脑中既存的一种系统 ～

很多新婚家庭中，都会出现夫妻之间争吵不断的情况。结婚前那么亲密无间的两个人，为什么婚后竟会因为一点点琐事就争吵不休呢？有的夫妻争吵过后能够和好，但有的夫妻则因为争吵致使关系出现裂痕，最终走向了离婚。

这样的状况并不是只发生在特定的夫妇身上，而是所有的夫妇都存在这样的问题。因为这是我们大脑中既存的一种系统。

当人谈恋爱时，大脑中有某个领域的活动会受到抑制，而这个领域专门负责制造负面感情。当制造负面感情的领域受到抑制时，结果可想而知，我们就看不到对方身上的缺点了。放在平时或其他人身上，有些言行或习惯可能会引起我们的反感，但如果放在恋爱对象身上，我们则可以容忍，甚至还会把那些自己平时受不了的行为当做对方的特色来看待。

然而，这种状态不会延续太久。意大利的神经科学研究小组通过研究发现，**恋爱的持续期限为 12 个月至 18 个月**。而且，结婚 3 年是离婚的高峰期。

热情似火的恋爱不会长久持续是有原因的。因为恋爱要消耗很大的能量，热烈的爱情会给人的肉体和精神都造成巨大的负担。如果长期处于激情状态，人体会大量分泌多巴胺，从而使人陷入不安、亢奋和焦躁的状态。长此以往，肉体和精神都是无法承受的。

还有一个理由是，如果恋爱对象并不是最适合厮守一生的伴侣，那么我们怎样才能察觉到呢？这就需要冷静的思考，所以头脑中的系统会给我们的激情降温，让我们冷静下来重新审视对方。热恋中被蒙蔽的双眼，这时又能正常工作了，恋人间也能比较客观地看待对方。这个系统的好处就在于能够帮助我们及时中止不适合自己的爱情。由此可见，结婚后夫妻之间的争吵是非常正常的，这也是爱情经受考验的时候。

也可以认为这是对恋爱关系进行重新审视的一个程序。

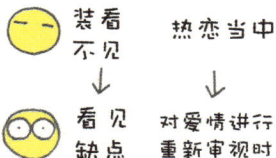

装看不见 热恋当中
↓ ↓
看见缺点 对爱情进行重新审视时

人就是有这样的大脑系统。

夫妻之间为什么会发生争吵？

讨厌！ 烦！

因为我们大脑中忽视对方缺点的系统

装看不见

随着时间的流逝，就不再工作了……

看见了

还我香蕉……

我恨死了！

家庭中修复关系的方法（2）
~ 丈夫应该专心倾听妻子说话 ~

对于维持夫妻的良好关系来说，有一种行为是特别重要的，那就是"谈话"。婚姻生活日渐平淡，丈夫经常以工作太忙为由忽略了与妻子之间的交流。

交流，是维护夫妻之间良好关系必不可少的行为。关系好、感情深的夫妻，必定每天都会聊聊天。

夫妻之间交流少、不谈话的理由有很多，其中最主要的理由应该是**男性和女性想要在谈话中获得的东西不一样，**也就是说，男女谈话的目的不同。

男性把谈话当成一种传递信息的手段，因而会把谈话当做解决问题的一种工具来使用。如果是没有用的话，男性是很少说的。另一方面，女性则把谈话当成是表达自己感情、引发对方共鸣的一种手段。女性喜欢说，也喜欢听到"某某小姐今天告诉我一件趣事……"，"那家商场的服务态度太差了"等，这样一些有趣的事、生气的事、感动的事等。然而，男性基本上都讨厌这种自言自语式的谈话。结果，妻子希望丈夫倾听自己说话，但丈夫却没心思听，久而久之，夫妻之间就会出现一道交流上的鸿沟。

因此，如果您是丈夫，感觉到自己最近都没有认真听妻子说话的话，那就赶快改变态度，认真倾听妻子的谈话吧。简单地改变下态度，就可能大大改善夫妻之间的关系哟。这并不难做到，只是"倾听"即可。

另外，男性在听别人说话时，还喜欢中途打断对方，给人提供一些意见或建议。然而，女性在谈话时，大多并不是想得到这样的意见或建议。所以，作为丈夫，只要"倾听"就足够了。

啊～

这段时间太忙了，都没和老婆说过几句话……好！我要补偿一下。

呼—哈—

嗯?
嗯

我们去泡温泉吧?

这就叫做 **本末倒置**

该死！又堵车！

烦躁   烦躁

家庭中修复关系的方法（3）
~ 正确的吵架方法 ~

天下从不吵架的夫妻，可能非常少见。从某种意义上说，吵架也并非坏事。不要将自己的想法埋藏在心里，而要将它们表达出来。尤其是负面情绪，例如愤怒，当它还处于轻度阶段时，就最好向对方表达出来。其实，吵架并不是问题，问题在于吵架的方式、发泄愤怒的方式。如果发泄愤怒方式不正确的话，很容易使夫妻关系出现无法弥补的裂痕。

有些妻子，对于丈夫的某些行为感到愤怒时，会对丈夫进行攻击性的指责。例如，"你脱下的袜子不要到处乱丢，请放在脏衣服篮里。我跟你讲过无数次了，你就是记不住，脑袋有问题吗？"这样**攻击性的批评**，在否定对方错误行为的同时，也否定了这个人，会让对方感到自尊心受了伤害。

为了挽回自己的颜面，在这种情况下，丈夫通常会为自己的行为进行辩解，以使之正当化，大多时候还会采用轻视妻子的态度。在你一言我一语的争吵中，妻子也不甘示弱，常会把以前的旧账翻出来，翻来覆去地说，而这正是**激怒丈夫的最好方法**。到了这里，很多丈夫都会愤然离去。这也是促使夫妻关系破裂的"捷径"。

所以，建议女性朋友们，当您生气的时候，不要全盘否定对方，而应该把自己的感受表达出来。比如，"你脱下的袜子不要到处乱丢，请放在脏衣服篮里。每次见到你到处乱丢袜子，我都感到很失望"。应该把自己的"失望"、"悲伤"、"愤怒"等感情直接表达给丈夫。这样批评丈夫的话，丈夫多半会认错，不会去狡辩。而且，听妻子说出了真实感受，丈夫的态度会柔和下来，转而安慰妻子。这样一来，一场危机也就化解了。

生气之后，如果任由感情"暴走"的话，就容易对对方进行人身攻击。在这种状态下，我们的双眼就会受到蒙蔽，只盯着对方的缺点不放。所以，我们千万不要让愤怒发展到这个地步。在此之前就要做点什么，遏制负面情绪的发展。

神经元与人际关系

  神经元是一种神经细胞，在脑内以网眼状分布，形成一张神经网络。据说神经元会随着人年龄的增长而不断死亡。以往的研究认为，神经元的数量是在不断减少的，而神经元也无法再生。但最新的研究发现，神经元是可以再生的，其数量也是可以增加的。这样看来，如果神经元的数量可以增加的话，那么中老年人也有提高思考能力和记忆力的机会。只要不断与人交往，多去和各种各样的人接触，人脑中的神经元数量就会增加。

  由此可见，只要多与人交往，就可以提高我们大脑的活力。特别是上了年纪的老人，很多人退休之后，由于和人接触少了，就会出现短时间内一下子变老的情况。为了防止这种情况出现，建议大家还是多出去与人交往吧！

第五章

职场上百试百灵的
心理技巧

    在职场中，我们都会遇到培养部下、与客户进行商务谈判等情况，如何在这些过程中顺利实现目标，并成为一个受人欢迎的人呢？本章就为您介绍职场上百试百灵的心理技巧，助您在职场中游刃有余、挥洒自如。本章介绍的技巧不仅对公司的职员有用，即将成为公司职员的朋友们，也来学习一下吧。

💛 用"表扬"来促进部下成长，加强彼此间的信任感
~ 皮格马利翁效应 ~

在公司中，必须对部下或后辈进行教育时，是该"批评教育"，还是"表扬"呢？很多人都曾为此烦恼过。对于某些人，一味地表扬只会让他们骄傲起来；而对于另外一些人，严厉的批评则可能挫伤他们的积极性。因此，对部下的教育，真不是那么容易的。

当然，人的性格多种多样，"批评"好还是"赞美"好，不可一概而论。但心理学的研究发现，适当的"赞美"可以促进人的成长。

美国心理学家罗森塔尔和雅各布森曾以小学生为对象进行了一项实验。他们对学生进行了所谓的"能力测试"，然后随机选出一部分学生，并以赞美的口吻告诉他们的班主任，说这部分学生能力优秀，很有"发展前途"。一年后，他们又来到学校，对学生的发展状况进行再次调查。结果发现，那部分随机选出来的学生，被赞扬为"能力优秀"的学生，成绩都有了明显的提高。这说明，老师相信那部分孩子"有发展前途"，然后在教育的过程中对他们抱以较高的期望，而这部分学生也会自然而然地按照老师的期望不断努力。结果，成绩就提高了。

对人充满期望，然后去表扬、赞美他们，就可以促进他们的成长。这在心理学上称为**"皮格马利翁效应"**或**"期待效应"**。皮格马利翁效应不仅适用于老师与学生之间，在亲子之间、前辈与后辈之间、上下级之间也同样适用。批评的话，可能短时间内有效，但不容易形成长期鞭策人向前的动力。而另一方面，表扬可能不会立刻见效，但会促使人形成长期的动力。

这个心理效应，不仅仅有促进对方成长的效果，还能增强对方对自己的信任感，有助于构筑良好的人际关系。

和部下一起喝酒吃饭，该"掏钱请客"还是"AA 制"？
~ 公司之外的交往 ~

下面讨论的这个问题可能"不够大气"，但非常意外的是，很多人都会为此事烦恼。这个问题就是，"和部下一起喝酒吃饭时，该怎么算账"。同事聚餐，经常会邀请上司一起去。这时，上司是该说"我们 AA 制吧"，还是该说"我请客吧"。

这确实是个难题，根据公司里的氛围以及平日里大家的关系，很难说哪种方式更合适。根据心理学的理论，认为"AA 制"比较好，因为这样不会给别人和自己带来心理负担。但是，上司请客，会让部下认为"上司为我们着想"，能够增加信任感。所以，到底该怎么选，还是仁者见仁智者见智。

我个人的意见是，**上司应该适当"请客"**。部下聚餐时邀请自己去，上司首先应该感到高兴。聚餐过后，可能还会去卡拉 OK 或酒吧继续饮酒作乐。而聚餐之后的活动，就建议上司不要参加了，应该多给部下一些空间。因为如果上司在场，部下多少都会感到一些拘谨。所以，上司最好只参加第一场，聚餐过后就告辞回家。而且，上司不仅应该把聚餐的餐费付了，还应该多留出一点钱作为部下随后娱乐的费用。这么做的时候，不要让部下感到负担，而要表现出自己对部下的关心。最关键的是，自己要带着一个好心态回家。

实际上，上司也没有太多的余钱啊，都是靠太太给的不多的"零花钱"过日子。这一点，相信部下也心知肚明。所以，每次付钱掏出 15000 日元左右就差不多了。如果付得太多，部下也应该主动返还一部分。而且，当天和第二天，部下都应该好好地向上司表示感谢。总而言之，礼节是非常重要的，这是人际交往中不可缺少的一个环节。可以说，礼尚往来是人际关系的润滑剂。

必胜谈判法（1）
~Foot in the door 技巧（登门槛技巧，或阶段性请求法）~

　　Foot in the door 技巧，又叫做"登门槛技巧"或"阶段性请求法"。不管在职场还是家庭中，这都是一个非常有用的交涉技巧，而且实施起来十分简单，故此在这里为大家作详细介绍。

　　举例来说，先向对方提出一个小小的请求，"可不可以帮我一个忙？"比如，请人帮忙复印文件之类的。对于如此简单的请求，一般人都不会拒绝，因为如此简单的请求都拒绝的话，肯定会遭人看不起。所以，简单的请求是很难拒绝的。

　　等对方接受了请求、为我们提供了帮助之后，我们就可以提出难度稍高一点的请求了，"能不能再帮我一个帮？"因为对方已经接受了我们的第一次请求，所以，拒绝的话是很难说出口的，多半会接受我们的第二次请求。然后，我们就可以"得寸进尺"，第三次、第四次提出请求，而且要不断提高难度，并最终提出我们真正想请求的事情。这个过程，就像一个台阶一个台阶地把对方引到更高的地方，所以叫做"阶段性请求法"。也可以这样打比喻，我们的一只脚已经迈进了对方的门槛，那么对方就不好意思赶我们出去了。

　　突然向别人提出一个难度很高的请求，很容易遭到拒绝。但是，如果我们从简单的请求开始，一点点加码，最后成功的概率就会大大提高。如果您最终的请求难度不是太高的话，可以分成两步提出请求。要点就是不能让自己的请求一下子给对方造成太大的负担。

　　这便是 Foot in the door 技巧。

　　Foot in the door 这个名字来自于上门推销的推销员的技巧。对于上门推销的推销员，我们一般都会比较反感。如果推销员说"我只说一句话，请您给我一个机会"，一般人都不会拒绝。可是，一旦推销员一只脚迈进了我们的大门，我们就不好意思赶他们出去了。而发展到这个地步后，推销员就不会善罢甘休了，不说服我们购买他们的商品，他们是不会轻易离开的。

必胜谈判法（2）
~ Door in the face 技巧（留面子技巧，或让步性请求法）~

再给大家介绍一种提出请求的方法。先提出一个必定会遭到拒绝的高难度请求，然后再提出自己真正的请求。

举例来说，比如您想买一件较大的商品——汽车。召开家庭会议进行讨论的时候，您不要直接说出您想买的车型，因为一旦遭到否决就难办了。这时，您可以提出一个价格更高的车型。

当然，由于经济条件有限等原因，很可能会被家人一致否决。此时，您可以装出妥协的样子，再提出您心目中理想的车型。

当别人否决我们的提议时，虽然嘴上说得比较强硬，但心里都会产生一种愧疚感，"拒绝了他，总感觉不太好意思"。在对方的这种心情还没有消失时，我们应该降低条件，提出自己真正的请求。对方本来就怀有愧疚的心理，再加上看到我们降低了条件，大多都会同意我们的请求。

突然提出难度高的请求，当然会遭到拒绝，但这也正是我们想要得到的效果，这给我们随后提出难度相对较低的请求创造了条件。这种请求方法的要点在于制造一种落差感，一下子就能降低自己请求的难度。看到我们降低条件，对方大多会想："他都妥协到这种地步了，就同意了吧。"

这就叫做 Door in the face 技巧，也叫"留面子技巧"或"让步性请求法"。

曾经有研究人员以学生为对象实验了这种请求法。结果发现，与直接提出请求相比，采用让步性请求法的成功率高出了两倍。

必胜谈判法（3）
~ 谈判必胜战略（1）~

　　心理学实验已经证明 "Foot in the door"、" Door in the face" 是非常有效的谈判法，但并不是在所有的谈判中都能使用的。有时，需要更加细致入微的谈判技巧。下面就为您介绍几种谈判策略，您可以将它们组合起来灵活运用。

【 服装战略 】

　　在谈判中，外表非常重要，这和初次见面时注意外表才能给人留下良好的第一印象是同样的道理。不管男性还是女性，在商务谈判中穿着正式的套装比较合适。这样不仅可以提升自己在别人眼中的形象，更重要的是能够制造出一种 "威严感"，以达到让对方 "屈服" 的心理效果。人对于 "权威"，非常缺乏抵抗力。对于 "权威人士" 的意见，我们会感到非常可靠，甚至有一种不遵从不行的心理倾向。

　　例如，法官在审判时所穿的制服。他们穿着黑色的制服宣读判决书的时候，在场所有人都会感到一种威严感，认为法官的话分量十足。医生的白大褂也有同样的功效。所以，见到穿着白大褂的人，不管他是不是医生，我们心里都会产生三分敬畏。

　　因此，在谈判中，要想表现出威严感，推荐您穿着暗色系的套装。黑色系的西装能够让对方感到一种力量，能够明显增强说服力。

　　反过来，在谈判中处于被动的一方，穿黑色系的服装也能起到很好的效果。因为黑色除了能够增加自己的威严感之外，还有保护自己的效果。另外，如果谈判的对手属于 "威压型" 的人，那我们可以穿着蓝色系的服装，因为蓝色系可以让对手冷静下来，不至于太激动。

人在视觉上，对"权威"
是非常缺乏抵抗力的。

套装
制服
白大褂

我去谈判的时候，
总是穿这身西装。

今天去谈判……
好嘞！

西服套装可以提高别人
对自己的信任感，

理解

好的！

不放辣椒！
不放花椒！
少放盐！

还有一种说服对方的
力量。

好的！

就这样
决定了！

必胜谈判法（3）
~ 谈判必胜战略（2）~

【双面呈现战略】

在推销商品或引入新规则时，有时需要向对方说明商品或新规则的优点和缺点。这个时候，如果只说优点，就叫做"片面呈现"；而优点、缺点都介绍的话，就叫做"双面呈现"。需要注意的是，只介绍优点，有时并不能说服对方，也无法让谈判顺利进行。对于谈判老手或者头脑聪明的人，如果只进行片面呈现的话，容易引起对方的怀疑。所以，当面对这样的对手时，最好从一开始就进行双面呈现，以表明自己的真诚态度。

【限制时间战略】

在谈判中，有时可以给对方抛下一句"请你再仔细考虑考虑"，然后就转身离开会场。这样的话，对方就要着急了。权衡利弊之后，他们很可能作出让步。即使是不急于马上得出结论的谈判，也可以采取这种战略。"如果明天之前您能作出决定，我就可以接受刚才谈的条件。否则，非常遗憾，那些条件可能永远都只能躺在纸上了。"这种限制时间的战略非常有效，因为对方虽然想进一步争取更有利的条件，但如果我们不接受的话，还是等于零。所以，为了让我们接受条件，他们更愿意作出妥协。这就是一种"聊胜于无"的心理倾向。

【附加商品战略】

在某些情况下，当对方为如何作决定感到烦恼时，我们可以帮他们一把，给他们一些附加的好处。在邮购、电视购物中就经常能见到这种战略，比如"现在购买这款产品的话，还附赠……"因此，这也叫做"赠品战略"。英语叫做"That's not all"技巧。

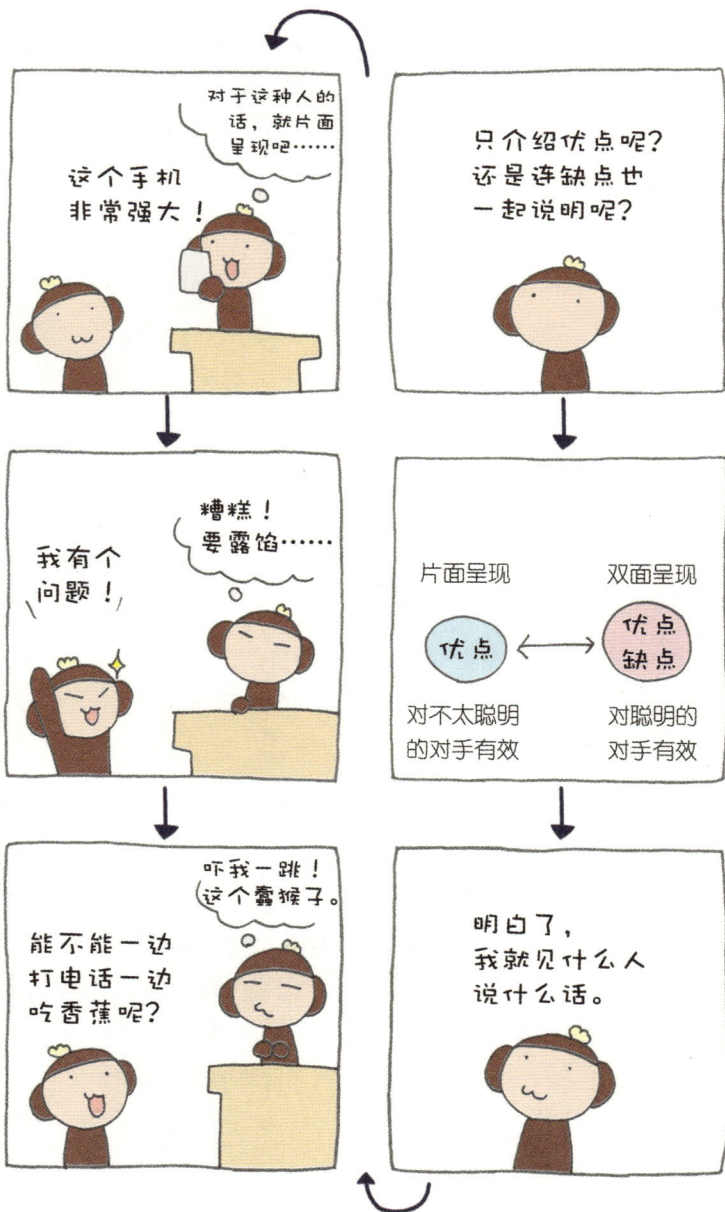

塑造人见人爱的性格
～培养和所有人都能打成一片的性格（1）～

🤟 塑造"经得起别人嘲弄"的性格

心理学家内藤谊人写过一本书，名叫《"骗子"厚黑心理学》。书里面说，人要具有"经得起别人嘲弄"的性格。对此，我也非常赞同。别人愿意开我们的玩笑，说明他们喜欢我们。大家总是和我们开没有恶意的玩笑，是他们信任我们的一个证据，因为他们认为和我们开这种程度的玩笑，我们也不会生气。如果周围人都能这样对待我们，那我们的人际关系就会变得非常和谐。

"但是，那是人的性格决定的，我天生不是那种性格。"

肯定有不少朋友会这样想。确实，具有开朗、活泼性格的人更容易受人欢迎。然而，虽说性格是天生的，但在后天的成长中也是可以改变的。自己的性格，应该掌握在自己手里，我们要有目的地塑造自己的性格。重要的是要有"改变"的意愿，有了意愿后，只要不断努力，就会见到成果。

要想培养自己"经得起别人嘲弄"的性格，首先，当别人和自己开玩笑时，**不仅绝对不可以生气**（至少不能流露到表情上），**还要报以笑容**。不必强迫自己非要说点什么，只要表现出自己的憨态或"装可爱"就可以了，重点就是要用笑容来回应对方的玩笑。慢慢习惯之后，可以**用玩笑回应对方的玩笑**。我们要放下自己的自尊，融入到大家的玩笑当中去，本来别人开玩笑的目的也是放松一下，我们就用笑脸回应，让他们得到满足。这样一来，大家你一言我一语，开几句玩笑，紧张的职场气氛也会变得缓和下来。不仅改善了人际关系，还有助于提高工作效率。

这样能让职场气氛变得更加轻松。

笑 嘿嘿 笑 笑 笑

想要练成"经得起别人嘲弄"的性格，

不能生气，不能生气……

经理，您的领带颜色还真离谱。

当别人和自己开玩笑的时候，不仅不能生气，

你太逊了。

我的内裤颜色更离谱！

经理豁出去了。

还得笑脸相对。

是是，我不但逊，长得还很丑呢。

185

🤝 塑造人见人爱的性格
~ 培养和所有人都能打成一片的性格（2）~

👏 "自嘲话题"让人际关系变得更轻松

讲一些自己的失败经验、糗事，是拉近自己与他人关系的最佳小窍门。基本上，所有人都希望别人认为自己是一个"帅（或漂亮）"、"聪明"、"有价值"的人，这种自尊感情可以促进人的成长。但是，如果自尊感情过于强烈的话，就会变成虚荣心，使人放弃努力，反而会通过吹牛、贬低别人、与别人的缺点作比较来抬高自己。我们必须抛弃过度的虚荣心，因为它不但阻碍我们进步，还会让我们变成不受欢迎的人。与吹牛相比，我们不如说一些自己的失败经验、糗事等自嘲的话题，这样不仅更能取悦别人，还会让自己更加受人欢迎。

肯定会有朋友对此怀有抵触心理，不想把自己的失败经验、糗事公之于众。可是，实在没有比这更加有趣、更加没有恶意的话题了。比如，"有一次我赶火车迟到，进了车站后，即将开车的铃声已经响了，于是我狂奔下楼梯冲进了一列火车的门，心想终于赶上了。可就在这时，对面一列火车的门关上了，然后缓缓驶出了月台。悲催的我上错车了……"又比如，"有一次逛街，我尿急，好不容易找到一个公共厕所，冲进去就解决了问题，但出来的时候才发现自己进的是女厕所……"像这样，把自己的这些糗事分享给别人，会令人觉得非常好笑。而且，为了制造现场感，我们平时还要提高绘声绘色讲故事的能力。

给别人讲述自己的失败经历、糗事等，并不单纯是讲个笑话来取悦他人，还可以展现出自己大方、宽容、敢于自嘲的性格，这能让别人觉得我们很亲切，没有距离感。

因此，我们在平日里就要收集有关自己失败经历、糗事的话题，而且失败、出糗后，不要觉得"很丢脸"，而应该觉得"很有趣"，这样也能让自己的心态变得更轻松。

想要说服、带动、推动别人，最重要的是什么？
～ 信任，才是人际关系中最重要的东西 ～

善于建立、维护良好人际关系的人，一般也善于说服、带动、推动别人。有些工作不是单凭一己之力就可以完成的，必须与同伴分工协作才能做好，在这个过程中可能需要说服、带动和推动别人。

那么，我们该如何说服、带动、推动别人呢？试想一下，如果您是上司，整天板着脸，总用严苛的语言和目光对部下提出要求的话，部下也许会规规矩矩地干活。然而，他们是摄于您的威严，在一种怕惹上司生气的恐惧感中工作。人在这种状态下，是无法长期持续努力下去的，因为这样实在令人疲惫。最终，部下可能选择辞职离开，以致公司流失大批的人才。如果一个企业的经营者总是这样"威逼"员工，那么企业肯定难以长久生存。

真正能够说服、带动、推动人的，其实是"信任"。从心里相信对方，然后彼此之间建立起相互的信任，到那个时候，说服、带动、推动对方就变得很容易了。即使不用提出请求，有时对方也能理解我们的意图，而自觉去做。比如，"为了信任我的上司，我一定要做到最好"，"我想让整个团队的同伴都开心，所以我会做好自己应做的工作"等。有了这种精神力量，可以战胜一切困难。这个原则不仅仅适用于公司内部，也适用于客户。与客户之间建立起相互信任的话，生意就好做了。

为此，我们现在应该怎么做呢？我们现在信任自己的上司、部下、客户吗？如果您是公司中的一名中层管理者，您能做到信任自己的部下，做他们精神上的后盾？如果您是一名基层职员，对于身陷困难的同事、上司，您会袖手旁观吗？

记住，当人身陷困难当中时，如果我们能伸出援手，对方一定会感恩终生，而且会对我们产生无比的信任。不管怎样，先从信任别人开始吧！

经理，生意没谈成。

很多工作无法一个人完成……

好的。

放心吧！剩下的我来搞定。

而信任，

你放手去！其余的我来搞定。

你这算什么！

经理，把这家伙解雇了吧。

可以说服、带动、推动别人。

好！为了经理我也要努力……

后记

基本上，所有人的行为都是从确保自身利益的角度出发的，并认为这是合理的。人就是这样一种动物。所以，在人与人交往时，就难免会产生各种各样的矛盾和纠纷。

然而，只要人类以集团的方式生活在一起，就必须重视其他人的感受。否则，集团生活压根就无法成立。其实，为别人着想，很多时候也会给自己带来好处。

在我看来，所有人都是我的"老师"。

不管对方是什么人，他身上肯定具有我们所缺少的优点。我们要以这样的心态来面对他人，并努力从对方身上找到值得学习的优点。每遇到一个人，我们至少要从对方身上学到一个优点。只要怀着这样的心态，即使是自己讨厌的人，也能从他们身上发现闪光点。而如果轻视甚至藐视对方的话，建立良好的人际关系也就根本无从谈起。

另外，既然我们从对方身上学到了优点，那么理所当然地，我们应该对其怀有感恩之心，而且交往中也应该礼数周到。怀着感恩之心与人交往的话，会让彼此之间的关系变得更加和谐顺畅。

本书从心理学的视角出发，初步探讨了建立和维护良好人际关系的技巧，其中也穿插了一些其他学科的知识，比如脑科学。

在书中，很多情况我都是站在对方的角度分析问题的。因为人际关系的原点本来就是揣测对方心里在想什么、怀有怎样的感情，然后在交往的过程中让对方产生愉快、高兴的情绪。为此，我们不能被对方嘴里的语言所左右，而要变得更敏感，从细微处察觉到他们真实的感情和情绪。我们人类，一方面容易受表面的语言所影响，但另一方面，又无法将自己真实的感情和情绪用语言充分地表达出来。所以，只根据语言的话，难免会判断失误。因此，我们还要掌握语言之外表达感情的方式，比如表情、动作等，据此来判断别人的真情实感。

　　我们要重视自己的感受，也要重视别人的感受。
　　反过来，重视别人感受的同时，也不能忽视自己的感受。

　　重视别人的感受、体谅别人的心情，能为我们赢得友情、亲情，让我们的人际关系变得和谐，让我们保持愉快的心情。既然有这么多好处，我们没有理由不重视别人、不多多关心别人。
　　良好的人际关系就建立在相互理解的基础之上。读者阅读本书时，请您保持轻松的心态，不必勉强自己。假如书中的知识，哪怕只有一点点能给您带来帮助，我也会感到万分欣慰！

木瓜制造 / 原田玲仁

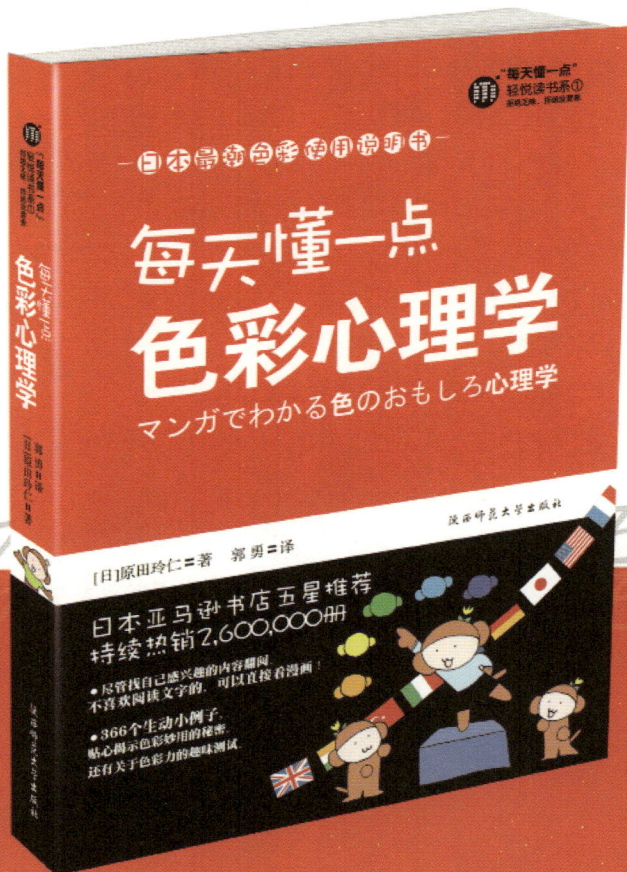

日本最牛B成功概率说明书 懂概率，不会输

日本亚马逊书店五星推荐
连续三年稳居同类书畅销榜前十位

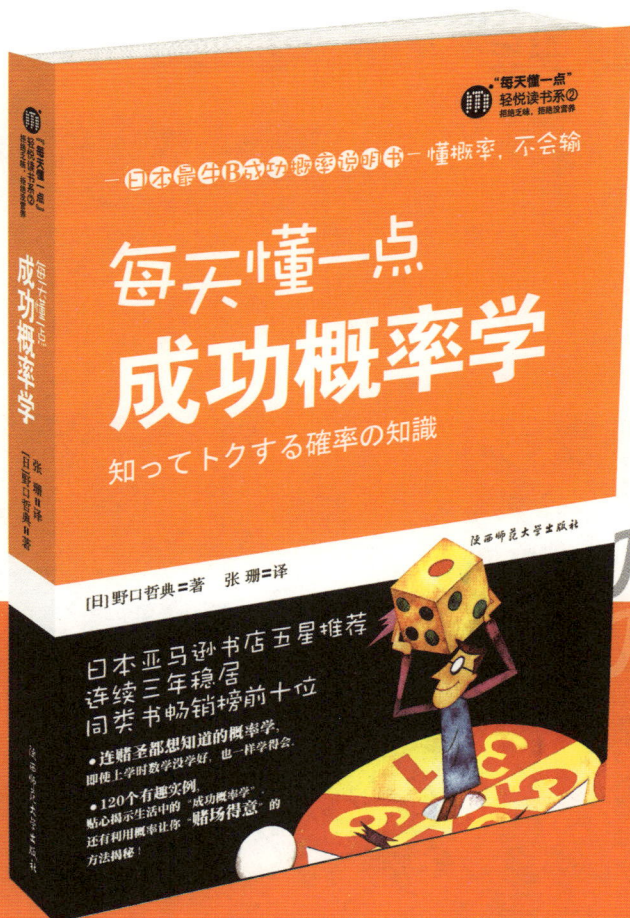

—日本最牛B成功概率说明书—懂概率，不会输

每天懂一点
成功概率学

知ってトクする確率の知識

陕西师范大学出版社

[日]野口哲典=著　张珊=译

日本亚马逊书店五星推荐
连续三年稳居
同类书畅销榜前十位

● 连赌圣都想知道的概率学，
即使上学时数学没学好，也一样学得会。
● 120个有趣实例，
贴心揭示生活中的"成功概率学"，
还有利用概率让你"赌场得意"的
方法揭秘！

每天懂一点
成功概率学

[日]野口哲典=著　张珊=译

点球大战有多少种方案？ ● 面试通过的概率有多高？ ● 与多个对象相亲时，如何选出意中人？
● 数字彩票中有更容易中奖的数字吗？ ● 赌博的时候，孤注一掷好，还是分散下注好？
120个有趣实例，贴心揭示生活中的"成功概率学"。

《每天懂一点·色彩心理学》
作者畅销新作
引爆日本心理学话题热

日本最热门趣味心理说明书

每天懂一点
色彩心理学
マンガでわかる色のおもしろ心理学

[日]原田玲仁=著 郭勇=译

陕西师范大学出版社

"每天懂一点"
轻悦读书系①
涨知识啦，顺道没营养

日本亚马逊书店五星推荐
持续热销 2,600,000册

● 轻松阅读自己感兴趣的内容即可
不喜欢阅读文字的，可以直接看漫画
● 166个生动小例子，
贴心揭示色彩的相处秘密
还有关于色彩的趣味测试

每天懂一点
好玩心理学
マンガでわかる心理学

[日]原田玲仁=著 郭勇=译

陕西师范大学出版社

"每天懂一点"
轻悦读书系③
拒绝乏味，拒绝没营养

日本最热门趣味心理说明书

日本亚马逊书店五星推荐
心理学入门类第一名
● 166个趣味心理学话题，
逸闻趣事式讲解，
只看漫画也一样学得会
● 注意：
内有恋爱达人心理学，
解梦大师心理学，
颠覆血型说明书的性格心理学！

日本亚马逊书店五星推荐心理学入门类第一名

● 恋爱达人心理学 ● 解梦大师心理学 ● 颠覆血型说明书的性格心理学
166个趣味心理学话题，逸闻趣事式讲解，
只看漫画也一样学得会。

日本最当红心理学作者
原田玲仁独家授权、最正宗的恋爱心理学

—日本最多人分享让恋爱运UP的心理书—

"每天懂一点"
轻悦读书系⑤
拒绝乏味，拒绝没营养

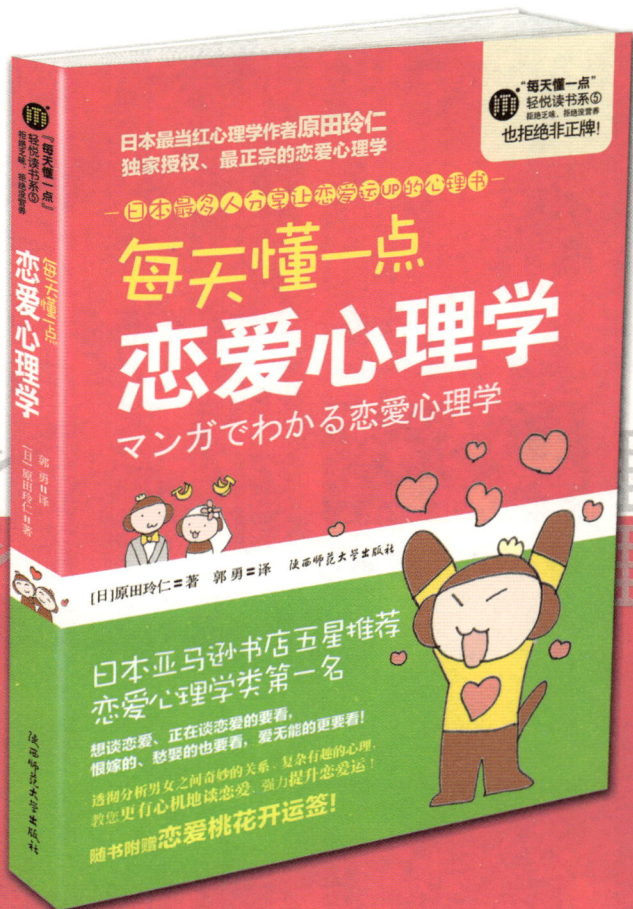

"每天懂一点"
轻悦读书系⑤
拒绝乏味，拒绝没营养
也拒绝非正牌！

日本最当红心理学作者原田玲仁
独家授权、最正宗的恋爱心理学

—日本最多人分享让恋爱运UP的心理书—

每天懂一点
恋爱心理学
マンガでわかる恋爱心理学

[日]原田玲仁 著　郭勇 译

[日]原田玲仁 著　郭勇 译　陕西师范大学出版社

日本亚马逊书店五星推荐
恋爱心理学类第一名

想谈恋爱、正在谈恋爱的要看，
恨嫁的、愁娶的也要看，爱无能的更要看！

透彻分析男女之间奇妙的关系、复杂有趣的心理，
教您更有心机地谈恋爱，强力提升恋爱运！

随书附赠恋爱桃花开运签！

随书附赠
恋爱桃花开运签！

恋爱桃花开运签
让你的恋爱运UP UP UP！

懂得心理学，强力提升恋爱运！
想谈恋爱、正在谈恋爱的要看，
恨嫁的、愁娶的也要看，爱无能的更要看！

《每天懂一点·潜伏心理学》

日本最多人私分享的心理书

"每天懂一点"
轻悦读书系⑥
拒绝乏味，拒绝没营养

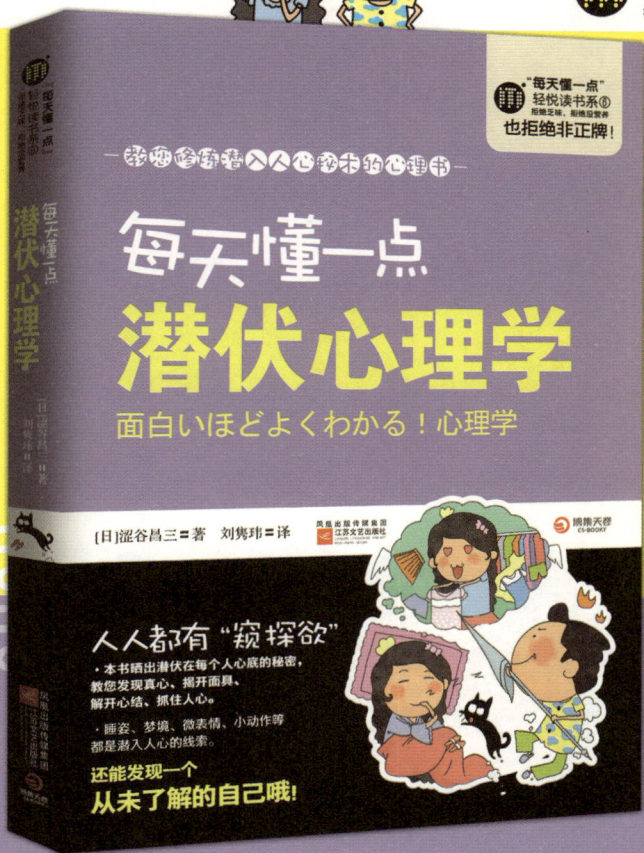

"每天懂一点"
轻悦读书系⑥
拒绝乏味，拒绝没营养
也拒绝非正牌！

—教您修炼潜入人心秘术的心理书—

每天懂一点

潜伏心理学

面白いほどよくわかる！心理学

[日]涩谷昌三＝著　刘隽玮＝译

凤凰出版传媒集团
江苏文艺出版社

博集天卷
CS-BOOKY

人人都有"窥探欲"

· 本书晒出潜伏在每个人心底的秘密，
教您发现真心、揭开面具、
解开心结、抓住人心。

· 睡姿、梦境、微表情、小动作等
都是潜入人心的线索。

还能发现一个
从未了解的自己哦！

人人都有窥探他人的好奇心，
本书将晒出潜伏在每个人心底的秘密。

《每天懂一点·行为心理学》
日本最快破解身体语言的心理书

"每天懂一点"
轻悦读书系①
拒绝乏味,拒绝没营养

"每天懂一点"
轻悦读书系①
拒绝乏味,拒绝没营养
也拒绝非正牌!

—日本最快破解身体语言的心理书—

每天懂一点
行为心理学
しぐさのウラ読み

[日]匠英一=著 郭勇=译

凤凰出版传媒集团
江苏文艺出版社

博集天卷
CS-BOOKY

人人都需要便捷的读心术
· 以大家亲身经历的小事为例子,
讲解连FBI都要学习的最基本的读心术。
· 教您掌握通过小动作读取真心的技巧,
从而消除人际关系中的各种烦恼,
也把自己看得更清楚。
提示:本书没准会颠覆你对
自己和他人的固有观念哦。

読む

読む

以大家亲身经历的小事为例子,
讲解连FBI都要学习的最基本的读心术。